Bachhiesl – Gartler – Nessmann – Tremer

RÄUBER, MÖRDER, SITTENSTROLCHE

37 Fälle aus dem Kriminalmuseum der Karl-Franzens-Universität Graz

Leykam

Die Herausgabe dieses Werkes wurde gefördert durch:
Bundesministerium für Bildung, Wissenschaft und Kultur
Amt der Steiermärkischen Landesregierung
Stadt Graz
Rechtswissenschaftliche Fakultät der Universität Graz

2. Auflage 2004

Gesamtherstellung: Leykam Buchverlag
ISBN 3-7011-7502-0

Einbegleitung

Wenn bei akademischen Feiern das Leistungsspektrum der Universität Graz rückblickend gewürdigt wird, sind es meist nur die Nobelpreisträger, die erwähnt werden, von Hans Groß, dessen von Ambrosi geschaffene Büste sogar in der Aula Aufstellung gefunden hat, redet niemand, auch nicht Rektoren und Dekane, die aus der juristischen Fakultät kommen, in der Groß beheimatet war. Das soll sich nun durch die Einrichtung eines Museums und durch die publizistische Auswertung der Materialien und Sammlungen ändern. Ganz verständlich ist es allerdings nicht, dass die Leistungen des Hans Groß so in Vergessenheit geraten sind: Die Leitlinien und Methoden, die Hans Groß für die Verbrechensaufklärung entwickelt hat, sind auf der ganzen Welt rezipiert worden. Das von ihm initiierte Kriminologische Institut an der Universität Graz war bis nach dem Zweiten Weltkrieg Ziel von Besuchern aus Europa und der übrigen Welt: Auszubildende Polizeibeamte wie angehende Juristen pilgerten unter der Führung ihrer Lehrer zu der von Groß eingerichteten und von seinen Nachfolgern weitergeführten Lehrsammlung. Der Weg des Hans Groß verlief nach dem Motto „Wo der Gulden geschlagen wird, gilt er nicht" – sein 1893 erstmals erschienenes „Handbuch für Untersuchungsrichter" lag schon in der vierten Auflage vor und war bereits in mehrere Sprachen übersetzt, als er endlich in Graz (wo ihm ursprünglich die Habilitation verweigert worden war) nach Umwegen über Cernowitz und Prag 1905 eine Professur für Strafrecht bekam. Sein Streben nach einem eigenen „Kriminalistischen Institut" wurde erst 1912 (drei Jahre vor seinem Tod) erfüllt, allerdings waren die Räume dafür nicht gerade ideal. Sein Nachfolger Adolf Lenz übersiedelte das Institut und die Sammlung in das Meerscheinschloss, von dort wurde sie in das ehemalige Kinderspital weiter transferiert. Meine Aufmerksamkeit auf die Sammlung wurde in meiner Anfangszeit als Dekan (1992) gelenkt, als eine offizielle chinesische Delegation aus Peking Graz besuchte und die erste Frage des Delegationsleiters nach Hans Groß war. Da mit dem Überwechseln von Michael Suppanz in die Position des Universitätsdirektors und der Pensionierung von Gert Neudert die letzten „Beschützer" der Sammlung verloren gegangen waren und das Kinderspital in absehbarer Zeit abgerissen werden sollte, war Initiative gefragt. Unterstützt von Prorektor Helmut Konrad präsentierte mir der in den Ruhestand tretende Unversitätsdirektor Michael Suppanz seinen Wunsch, es möge für die „Groß'sche Sammlung" in irgendeiner Form gesorgt werden. Das war leichter versprochen als getan, aber wenn alle zusammenhelfen, sind Ziele auch in schlechten Zeiten zu erreichen: Ein verständnisvoller Vizerektor für Finanzen (Franz Kappel), ein umtriebiger, inzwischen pensionierter Universitätsdirektor, eine hilfsbereite Abteilung für Wirtschaft, Gebäude und Technik und eine Reihe junger Mitarbeiter auf schlecht bezahlter Werkvertrags- bzw. Studienassistentenbasis und eine Sekretärin sind das Substrat, auf dem das Projekt wuchs (die Dünge- und Gießaufgaben für das Projekt oblagen dem Dekan). Der vorliegende Band ist nur ein Teil dessen, was aus diesem Zusammenwirken in nächster Zeit resultieren soll. Angemerkt sei zum Schluss, dass dem Band keine wissenschaftlichen Ziele zu Grunde lagen, sondern es sollte nur die Aufmerksamkeit des Publikums auf diese in ihrer Art einmalige Sammlung gelenkt werden.

Graz, im Februar 2003   Gernot Kocher

4

Inhaltsverzeichnis

Vorwort

Dieses Buch entstand als ‚Nebenprodukt' der zur Wiedereröffnung des Kriminologischen Museums der Universität Graz anfallenden Arbeiten. Neben über 1500 *corpora delicti* befindet sich auch eine große Anzahl alter Strafgerichtsakten in den Beständen des Museums, die allesamt erfasst und z.T. transkribiert werden mussten, und so lag es nahe, einige der in diesen Akten behandelten Fälle kurz zusammenzufassen und einer breiteren Öffentlichkeit vorzustellen.

Die Aufbereitung der Fälle gestaltete sich nicht immer ganz mühelos, da vielfach nur Abschriften alter Anklageschriften zur Verfügung standen und über den genauen Verlauf der Strafprozesse nichts Näheres in Erfahrung zu bringen war. Hans Groß, dem Begründer des Kriminalmuseums, sowie seinen Mitarbeitern und Nachfolgern lag vor allem daran, die Gedankenstrukturen der Täter zu erforschen und, soweit das möglich ist, das Typische am Ablauf von Verbrechen, die Strukturen des Verbrechens sozusagen, zu erkennen. Beeinflusst von den biologistischen und deterministischen Geistesströmungen seiner Zeit, gelang es Hans Groß, die Verwissenschaftlichung der Kriminologie entscheidend voranzutreiben; bis in die zweite Hälfte des 20. Jahrhunderts hinein blieben die Ergebnisse seiner wissenschaftlichen Tätigkeit maßgebend. Man kann ihn wohl zu recht als ‚Vater der modernen Kriminologie' bezeichnen. Täterverhalten und Tathergang sind aus den jeweiligen Anklageschriften und Sachverständigengutachten genauer zu rekonstruieren als aus anderen Aktenteilen, und so ist es verständlich, dass oft nur diese Schriftstücke im Museum vorhanden sind, in denen die dem oder den Tätern zur Last gelegte Delikte bzw. Verbrechen so akribisch wie möglich zur Darstellung gebracht werden. Über die Strafverhandlungen und die Urteile geben meist nur knappe Notizen auf den für die einzelnen Ausstellungsobjekte angelegten Karteikarten Auskunft. Manche der im Museum vorhandenen Gerichtsakten sind nicht nur unvollständig, sondern auch schlecht gegliedert, und sie schildern die Kriminalfälle in konfuser Weise. Dennoch wurde versucht, die hier behandelten Fälle zwar in gebotener Kürze, doch mit der erforderlichen Genauigkeit nachzuvollziehen und in einigermaßen wohlgesetzten Worten zu erzählen, ohne allzu sehr dem Juristen- bzw. Amtsdeutsch der Akten verhaftet zu bleiben. Dabei wurde nicht nur auf die Darbietung der Kriminalfälle als solcher Wert gelegt, auch wenn sie verständlicherweise im Vordergrund stehen. Gerade die in

den z.T. über 100 Jahre alten Akten immer wieder auftauchenden sozialge-
schichtlichen Aspekte sind oft von besonderem Interesse, lassen sie doch
längst vergangene Lebenswelten und gesellschaftliche Gegebenheiten, die
uns Heutigen nicht mehr bekannt oder bewusst sind, vor dem geistigen
Auge neu erstehen. Alle durch doppelte Anführungszeichen gekennzeich-
neten Zitate stammen aus den im Museum vorhandenen Gerichtsakten. Um
die Quellennähe zu bewahren, wurden einige in den Akten verwendete
Begriffe beibehalten, obwohl sie den Maßstäben der heute maßgeblichen
political correctness nicht entsprechen; wenn also Worte wie „Keuschler"
oder „Zigeunerin" verwendet werden, so geben sie wertende Standpunkte
der Zeit, in denen sich die geschilderten Fälle abgespielt haben, wieder und
nicht Wertungen der dieses Büchlein verfassenden Autoren. Sämtliche
Abbildungen stammen aus den Beständen des Kriminalmuseums.

Sämtliche Autoren sind Mitarbeiter am neu entstehenden Kriminalmuseum
der Universität Graz. Nach jahrzehntelangem Dornröschenschlaf wurde die
ehemalige Lehrsammlung des mittlerweile aufgelösten Instituts für Kriminologie wieder ‚wachgeküsst'. Der Dekan der Rechtswissenschaftlichen
Fakultät, O. Univ.Prof. Dr. Dr. h.c. Gernot Kocher, nahm sich des brachlie-
genden Feldes an, das Museum wechselte aus dem Zuständigkeitsbereich
des Instituts für Straf- und Strafprozessrecht in den des Instituts für Österreichische Rechtsgeschichte und Europäische Rechtsentwicklung über. Im
Jahr 2000 begannen Frau Mag. Andrea Nessmann und Jürgen Tremer mit
der Sichtung und Neuordnung des vorhandenen Materials, für die EDV-
mäßige Erfassung der Karteikarten war Frau Gabriela Riegler zuständig.
Diese für die Wiedereröffnung des Museums nötigen Arbeiten waren schon
weit vorangeschritten, als 2002 Frau Ingeborg Gartler und MMag. Christian
Bachhiesl das Museumsteam verstärkten. Die Eröffnung des Kriminalmuseums ist für das Jahr 2003 vorgesehen. Die im Rahmen dieses Buches
vorgestellten Fälle wurden von Christian Bachhiesl, Ingeborg Gartler, Andrea Nessmann und Špela Janežič verfasst; Letztere stieß im Oktober 2002
zum Team, ihr obliegt die Bearbeitung der in slowenischer Sprache abgefassten Akten. Die einzelnen Beiträge sind mit den Autorenkürzeln Ch. B.,
I. G., A. N. und Šp. J. versehen. Für die Aufbereitung des präsentierten Bild-
materials und die Photographien der im Museum vorhandenen Objekte
zeichnet Jürgen Tremer verantwortlich.

Abschließend soll noch den Personen Dank gesagt werden, ohne deren
Wirken dieses *opusculum* nicht zustande gekommen wäre: Herrn Dekan

Gernot Kocher, der dem Ansinnen, einige bemerkenswerte Fälle in einem Buch zu präsentieren, von Anfang an wohlgesonnen war und die Finanzierung dieses Projektes sichergestellt hat; Hofrat Dr. Michael Suppanz, der sich über lange Jahre um die verwaiste Objektsammlung gekümmert, die Erinnerung an sie wach gehalten und für die Organisation der künftigen Räumlichkeiten des Museums Sorge getragen hat; und den Herren Berger und Mag. Brunner vom Verlagshaus Leykam, die diese Seiten für die Drucklegung vorbereiteten.

Die Herausgeber
Graz, im November 2002

Hans Groß und die Gründung des Kriminalmuseums

Das Kriminalmuseum wurde 1896 von dem Grazer Juristen Hans Groß gegründet. Er war zu dieser Zeit Untersuchungsrichter am Landesgericht für Strafsachen in Graz, dessen Gänge ihm nach langem Ringen mit der Verwaltung für die Unterbringung der „Kriminalistischen Sammlung" zur Verfügung gestellt wurden. Hans Groß hatte auch noch keine Glasschränke, sondern musste die geschlossenen Kästen für jede Demonstration öffnen. Vorstellungen über die Schaffung und Gestaltung einer solchen Sammlung hatte er bereits zwei Jahre zuvor veröffentlicht, wobei diese Gedanken in vielen Ländern (z.B. USA, Deutschland, Japan) Anregungen zur Nachahmung gaben.

Das Groß'sche Kriminalmuseum war kein Museum der herkömmlichen Art, sondern wurde als Lehrmittelsammlung errichtet, die zur Ausbildung von Studenten, Untersuchungsrichtern und Kriminalbeamten dienen sollte. Groß erwirkte einen Erlass des Ministeriums, um Lehrmaterial zu bekommen, und trat auch selbst an die Oberlandesgerichte heran, die zu ihrem Sprengel gehörigen Gerichte anzuweisen, Objekte an das Museum zu senden. Der genauen Katalogisierung und Aufstellung der Objekte diente eine von ihm selbst verfasste „Vorschrift für das Kriminalmuseum". Diese Sammlung der verschiedensten *corpora delicti* war das Spiegelbild seiner leidenschaftlichen Begeisterung für sachliche Beweismittel.

Dahinter stand seine Überzeugung, dass Zeugenaussagen wenig zuverlässig seien, und er erhoffte sich vom Sachbeweis eine wesentlich höhere Wahrscheinlichkeit der Fallaufklärung. Die Unverlässlichkeit der Zeugen begründete er mit den Mängeln der Sinneswahrnehmung, den Fehlern des Gedächtnisses und der tief greifenden Verschiedenheit der Menschen überhaupt. Der Zeuge kann sich irren, täuschen oder etwas übersehen, und deshalb könne von einer absolut richtigen und unbeeinflussten Zeugenaussage nur in den seltensten Fällen gesprochen werden.

Deshalb bewertete Groß die sachlichen Beweismittel wesentlich höher. Seiner Meinung nach ist eine aufgefundene Spur oder ein mikroskopisches Präparat ein unbestechliches, einwandfreies Zeugnis, bei dem Irrtum und einseitige Auffassung ausgeschlossen sind.

Hans Groß kam bei seiner langjährigen Tätigkeit am Gericht zu der Überzeugung, dass ein Untersuchungsrichter für seine Arbeit mehr brauche, als er auf der Universität lernen und aus den Gesetzesbüchern entnehmen kann. Aus diesem Grund verfasste er 1893 sein Hauptwerk, das „Handbuch für Untersuchungsrichter". Es behandelt alle Arten des Verbrechens, das

Büste von Hans Groß, aufgestellt in der Aula der Karl-Franzens-Universität Graz

Wesen der Verbrecher und deren Arbeitsmethoden und gibt praktische Ratschläge für das Vorgehen der Untersuchungsrichter. Die von ihm konzipierte „Kommissionstasche", welche alle Utensilien enthält, die der Untersuchungsrichter am Tatort benötigt, ist ebenfalls Inhalt dieses Buches. Bereits einige Jahre später war das Werk des Grazers Hans Groß in fast alle Kultursprachen übersetzt worden und erweckte weltweit großes Interesse. Sogar das amerikanische FBI verwendete das Handbuch des Steirers.

1898 veröffentlichte Hans Groß seine „Kriminalpsychologie", ein Werk , das sich eingehend mit der Erforschung der Täterpersönlichkeit befasst. Anerkannte Psychologen, wie z. B. William Stern, beurteilten dieses Buch als für die junge Disziplin der Kriminologie sehr wertvoll. 1898 erschien auch der erste Band der von Hans Groß herausgegebenen Zeitschrift „Archiv für Kriminalanthropologie und Kriminalistik" als aktuelle und laufende Ergänzung des Handbuches.

Groß kritisierte die juristische Ausbildung an den Universitäten, indem er sagte: „Was würde man sagen, wenn man einen Arzt heranbilden und auf die Menschheit loslassen würde, ohne ihm einen Kranken, das Innere eines Menschen gezeigt zu haben, wenn man ihm viel erzählt, ihm aber nichts davon gezeigt hätte, wenn ihm Medikamente und ihre Wirkung ebenso wenig vorgeführt worden wären als alle Erscheinungen am gesunden und kranken Organismus – kurz wenn man ihn so unterrichtet hätte wie man einen Juristen erzieht, mit Büchern und Vorlesungen. So geschieht es in der Tat. Der Jurist absolviert seine Studien, macht seine Prüfungen und tritt an die praktische Tätigkeit, ohne einen Verbrecher oder das gesehen zu haben, was der Verbrecher macht und tut." Hans Groß war überzeugt, dass ein rein normatives Jusstudium durch eine realwissenschaftliche Lehre vom Verbrechen und von ‚dem' Verbrecher ergänzt werden musste.

1893 strebte er mit seinem „Handbuch für Untersuchungsrichter" eine Habilitation an der Rechts- und Staatswissenschaftlichen Fakultät der Universität Graz an, ein Vorhaben, dem kein Erfolg beschieden war, weil einerseits das Ministerium für Kultus und Unterricht zudem die Ansicht vertrat, dass sich die „Kriminalistik" als Lehrgegenstand für Studenten an der Universität nicht eignen würde, sondern erst für in Ausbildung stehende richterliche Beamte sinnvoll erscheine.
Andererseits wurde die Kriminalistik nicht als eigene Wissenschaft, sondern als ein Konglomerat aus verschiedenen anderen Wissenschaften angesehen, weshalb der Kriminalistik die Selbstständigkeit als wissenschaftliche Disziplin abgesprochen wurde.
Trotz mehrmaligen Versuchen ist es Hans Groß nicht gelungen, das Ministerium und die Universität von seinem Vorhaben, die „Kriminalistik" als Lehrgegenstand an der Universität zu etablieren, zu überzeugen.

Am 1. August 1898 wurde er, trotz abgesprochener Qualifikation in Graz, als Strafrechtslehrer an die Universität Czernowitz berufen. Vier Jahre später kam er in gleicher Funktion an die Deutsche Universität in Prag. 1905 war es dann endlich so weit, Groß wurde zu seiner großen Genugtuung als Ordinarius für Strafrecht an die Universität seiner Heimatstadt Graz berufen. Fast 12 Jahre waren vergangen, seitdem sich Groß das erste Mal an der Grazer Universität um eine Habilitation bemüht hatte. Sieben Jahre später, 1912, ging für Groß ein Lebenstraum in Erfüllung: Es kam zur Eröffnung des „K.k. Kriminalistischen Instituts an der Universität Graz". Es war weltweit das erste Institut dieser Art und diente als Vorbild für spätere derartige Einrichtungen. Erst jetzt wurde das von Hans Groß vor 16 Jahren ins Leben gerufene Kriminalmuseum an die Universität übertragen und dem neuen Institut angegliedert.

Damit hatte er nach 18 Jahren harten Kampfes die Kriminologie als Wissenschaft und ein Kriminologisches Institut etabliert, dem auch die Anerkennung nicht versagt wurde. Hans Groß wird als „Begründer der wissenschaftlichen Kriminologie" und seine Lehre als die „Grazer kriminologische Schule" auf der ganzen Welt bekannt.

Das k.k. kriminalistische Institut setzte sechs Schwerpunkte:

I. **Vorträge** in Kriminalpsychologie, Kriminalanthropologie, Kriminalstatistik, Kriminalistik
II. **Bibliothek**
III. **Laboratorium**
IV. **Kriminalistische Station.** Auf dieser wurden mit den Studenten auf Verlangen von Gerichten, Staatsanwaltschaften oder Polizeibehörden kriminologische Untersuchungen durchgeführt und Gutachten erstellt, z. B. Fußspuren, Vergleichung von Handschriften und Maschinschriften, Fingerspuren, Werkzeugspuren, Identifikation von Haaren, Gaunersprache, Waffentechnik betreffend usw.
V. **Wissenschaftliches Organ,** als welches das Groß'sche „Archiv für Kriminalanthropologie und Kriminalistik" diente.
VI. **Kriminalmuseum**

Hans Groß bezeichnete die Sammlung als den realen Mittelpunkt des Kriminologischen Institutes. Für die Aufstellung des Museums verwendete Hans Groß eine gemischte Methode, d. h. er stellte im Ganzen 32 Gruppen von Objekten auf, welche entweder systematisch in Ausstellungsvitrinen oder aber im Magazin des Museums angeordnet waren. Mit folgender die kriminalistische Sammlung strukturierender und von Hans Groß getroffener Einteilung kann man sich einen Überblick über die im Museum vorhandenen Sammlungsgegenstände, von denen die meisten aus der Zeit Hans Groß' stammen, verschaffen:

1. Forensische Medizin, z.b. zertrümmerte Knochen stets mit dem betreffenden Werkzeug (Projektil, Hammer etc.), präparierte Hautstücke mit Strangulationsmarken, Einschussöffnungen etc.

2. Präparate, z.b. Blut-, Eiter-, Samenpräparate, Menschenhaare im Vergleich mit Tierhaaren etc.

3. Giftstoffe

4. Instrumente, mit denen eine Körperverletzung zugefügt wurde

5. Projektile, die aufgefunden wurden, samt Beschreibung der Wirkung der verwendeten Waffe (z. B. Rundkugel, Spitzkugel, Geschoss mit Treibspiegel, Patrone mit Randzündung, mit Stift- oder Zentralzündung, Schrot etc.)

6. Blutspuren, Muster von Tüchern, Stoffen, Papieren, Tapeten, Holzarten, Steinsorten etc., die mit Ochsenblut bespritzt wurden, um zu zeigen, wie verschieden Blutspuren je nach der Unterlage aussehen können. Dazu eine Sammlung von Spuren, die von Substanzen herrühren, die Blut vortäuschen können, z. B. Rost, Kautabak, rote Tinte, gewisse Schimmelpilze etc.

7. Blutspuren, die nach sorgfältigen Methoden von Mauern, Steinen, Holz etc. abgenommen und konserviert wurden

8. Fußspuren in Gips, Lehm, Wachs, Zement, Brotkrumen etc. Hierher gehören auch Fotos von Fußspuren, Zeichnungen und Vermessungen derselben

9. Papillarlinien der Finger

10. Sonstige Spuren, z.B. Holz, von einer Kugel gestreift, Glasscheiben, von Schrotschüssen zertrümmert, Kleidungsstücke, von einer Waffe beschädigt etc.

11. Karten, markiert oder gefälscht, falsche Würfel und sonstige Requisiten von Falschspielern

12. Falsifikate von Urkunden, Siegeln, Stempeln, Maßen und Gewichten samt Apparaten zur Herstellung

13. Diebswerkzeuge für Einbruch, Nachsperre, Taschendiebstahl, Wilderei etc.
14. Unechte Kunstgegenstände, Antiquitäten und derlei Fälschungen
15. Brandlegungsapparate und derlei Werkzeug, Mittel für Sprengungen, Explosionen etc.
16. Fotografien von Verbrechern mit möglichst genauen Angaben über deren Generalien, Vorstrafen, Eigentümlichkeiten etc.
17. Handschriften von Verbrechern mit denselben Angaben
18. Querulanteneingaben und sonstige gerichtliche Eingaben von Narren
19. Chiffrenschriften, sowohl tatsächlich verwendete als auch absichtlich nach den verschiedensten Systemen zusammengestellte
20. Lokalaufnahmen von wichtigen Tatorten
21. Kopien von besonders guten und mustergültigen Aufnahmen im Zuge von Lokalaugenscheinen
22. Restaurierungen von zerrissenem, aufgeweichtem, vergilbtem, verkohltem Papier samt Angaben über die dabei angewandten Methoden
23. Waffen verschiedenster Art, lediglich als Demonstrationsobjekte
24. Gaunersprache, Sammlung der bisher bekannten und neu bekannt werdender Ausdrücke
25. Gaunerzinken; Verständigungszeichen der Gauner, wie sie an Wegkreuzen, Kapellen, Scheunen etc. zu finden sind
26. Aberglauben; alle Gegenstände des Aberglaubens sind von größter Wichtigkeit, da nur durch sie in vielen Fällen Art, Grund und Motiv eines Verbrechens, sowie die Art und Weise seiner Verübung aufgeklärt, werden können
27. Bei Zigeunern beschlagnahmte Gegenstände; z.B. Diebswerkzeuge, Apparate zum Wahrsagen etc., wie sie nur bei Zigeunern vorkommen
28. Verstellungskünste und ihre Vorrichtungen (falsche Bärte, Arme, Bartfärbemittel etc.)
29. Gefängniserzeugnisse zum Zwecke gegenseitiger Verständigung in den Untersuchungen, Geheimschriften und auch bei Fluchtversuchen verwendete Werkzeuge etc.
30. Tätowierungen z. B. aufgefundener Leichen
31. Vergleichsobjekte, die nicht direkt mit einer Strafsache zusammenhängen, sondern entweder anderweitig entstanden sind oder speziell hierfür erzeugt wurden
32. Varia, hier nirgends eingeteilte Gegenstände

Das neue Kriminalistische Institut wurde im Keller des Nordtraktes des Hauptgebäudes der Universität Graz untergebracht. Leider war der Zustand dieser Räume so desolat, dass Groß im Winter 1913/1914, wegen des gesundheitsbedrohlichen Raumklimas den wissenschaftlichen Betrieb zum Großteil einstellen musste. Die Raumtemperaturen überschritten auch in der heißesten Sommerzeit nie 9 bis 10 Grad Celsius.

Danach führte Groß den äußeren Betrieb des Institutes in seiner Wohnung weiter. Die Sammlung wurde in Kisten verpackt und verblieb in den Räumen des Institutes. Nach dem Tod von Hans Groß ließ sein Nachfolger, Hofrat Professor Adolf Lenz, das Kriminalmuseum im Meerscheinschloss in der Mozartgasse wieder im Groß'schen System aufstellen. Über die Dauer des Zweiten Weltkrieges wurde die Sammlung dort erhalten. Die Umwidmung der Räumlichkeiten im Meerscheinschloss machte 1980 den Umzug des Kriminologischen Institutes nötig, welches wieder in das Strafrechtsinstitut eingegliedert wurde. Es wurde in dem ehemaligen St.-Anna-Kinderspital, ebenfalls in der Mozartgasse, wo die Sammlung im Parterre in dafür adaptierten Räumen aufgestellt wurde, untergebracht. Der Kustos des Museums, Dr. Michael Suppanz, stellte die Sammlung teils nach dem Groß'schen System, teils nach der von Ernst Seelig entwickelten Einteilung in Verbrechertypen wieder auf. Hofrat Suppanz betreute die Sammlung weiter, bis sich im Jahre 2000 Dekan Dr. Gernot Kocher des Kriminalmuseums annahm und Angehörige des Instituts für Österreichische Rechtsgeschichte und Europäische Rechtsentwicklung mit der Vorbereitung zur Neueröffnung betraute.

A. N.

1. Brief eines zum Tode Verurteilten

Am 27. Juni 1880 wurde der Raubmörder Johann Zotter, der zum Tode verurteilt worden war, hingerichtet. Am Tage zuvor diktierte er dem Landesgerichtsrat Dr. Ludwig Kickh einen Brief an die Mutter seines Opfers. Der im Kriminalmuseum vorhandene Akt enthält lediglich diesen Brief und einige Aktennotizen, die dokumentieren, wie dieses Schriftstück in das Museum gelangt ist. Über den Fall selbst ist aus diesem Akt weiter nichts eruierbar. Auf dem Aktenumschlag steht eine dem Brief vorangestellte, von Hans Groß handschriftlich verfasste Notiz (a) zu lesen, die hier gemeinsam mit dem Brief (b) präsentiert werden soll; außerdem wurde noch ein Aktenvermerk (c) des Dr. Ludwig Kickh beigefügt, in dem erklärt wird, warum der Brief des Delinquenten an die Adressatin nicht zugestellt wurde.

a.
Brief de dato 26. Juli 1880   Diktiert von dem am nächsten Tage hingerichteten Mörder Joh. Zotter

Geschrieben vom Vorsitzenden der Verhandlung, damaligen L.G.R. Ludw. Kickh, aus den, auf dem Briefe genannten Gründen nicht abgesendet u. nun dem Institute geschenkt.

am 3. Oktob. 1912

H. Groß

b.

Graz am 26. Juli 1880 Vormittag

Vielgeliebte Schwiegermutter!

Indem ich Sie in meiner Lebenszeit nicht mehr sprechen kann, so bitte ich Sie brieflich innigstlich im Herzen, da die Schwester Marie eine Ahnung hatte, daß es nicht richtig mit dem Todesfall, so wie es auch wahr wurde, indem ich der Marie schließlich bestätigen muß, daß sie sagte: „Wenn es eine Gerechtigkeit gibt, wird es aufkommen", wenn nicht die Geburtshelferei, die sie abgewaschen hat, von ihrem Brod zu kommen, gefürchtet hätte, so hätte sie die Anzeige gemacht.

Weil ich nicht mehr mündlich abbitten kann, so muß ich schriftlich abbitten, weil wol ich auch Schuld war, so bitte ich Sie mir zu verzeihen und nichts Böses nachzureden, und bitte alle Anverwandte um Verzeihung indem es nicht mehr zu ändern ist, wo ich selbst muß ein Opfer sein, wegen meiner traurigen Ansichten.

Ich schließe von Herzen, und bitte auch Sie sich diese schwere Last aus dem Herzen zu nehmen und bitte Sie im Namen Jesu, in alle Ewigkeit. Amen.

Johann Zotter

c.
Über Ersuchen der Maria Strohriedl, diesen Brief ihrer 72 j. Mutter nicht zu schicken, damit sie sich nicht zu sehr aufrege.

Vom justificirten Johann Zotter am Tage vor seiner Hinrichtung mir Wort für Wort in die Hände dictirt, um seiner Schwiegermutter geschickt zu werden, über ausdrückliche Bitte der Tochter der Letzteren jedoch die Absendung dieses Briefes unterlassen

L. Kickh

Ch. B.

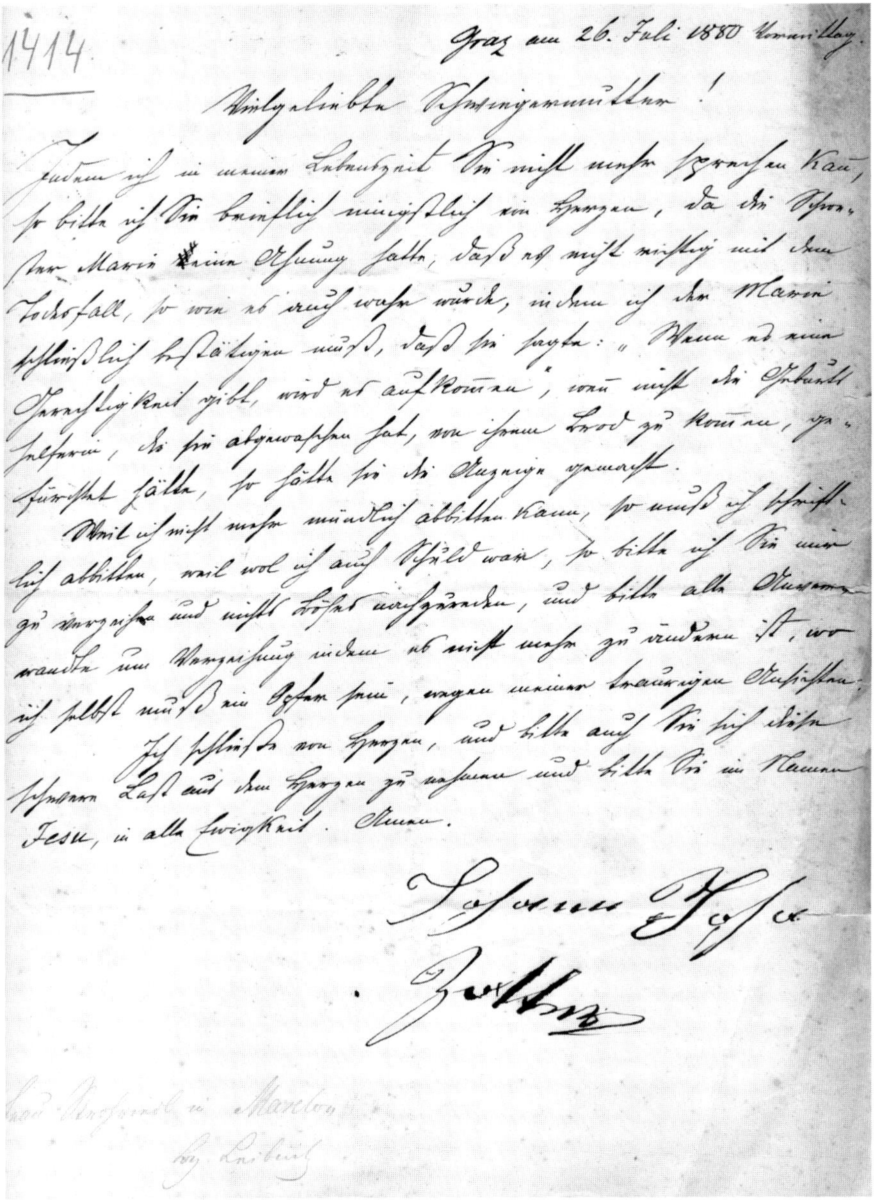
Graz am 26. Juli 1880 Vormittag.

Vielgeliebte Schwiegermutter!

Abb. 1: Der vom Delinquenten am Tag vor seiner Hinrichtung diktierte Brief

2. Wildfrevel

Nicht nur mit spektakulären Fällen wie etwa Mord und Totschlag hatten sich die Grazer Kriminologen zu befassen, auch eher alltägliche Widerwärtigkeiten – vergiftetes Federvieh zum Beispiel – bildeten den Gegenstand der Groß'schen wissenschaftlichen Gedankenarbeit. Der unten stehende Brief wurde dem damals noch am Grazer Landesgericht für Strafsachen untergebrachten Kriminalinstitut vom Bezirksgericht Feldbach übersandt. Beachtenswert sind die Stilsicherheit und die orthographischen Kenntnisse des den Brief verfassenden Gendarmen, die von der in der ‚guten alten Zeit' noch tadellos soliden Schulbildung zeugen.

An das kk. Bezirksgericht <u>Feldbach</u>

<u>Feldbach, am 10. Dezember 1895.</u>

Auf den Äckern der Besitzer Johann Zuller und Johann Saurug in Gniebing,

nächst eines Waldrandes wo ein Gebüsch ist und viele Fasanen sind, Jagdrevier des Grafen Carl Bardeau in Kornberg, wurde von Alois Haas und Ferdinand Moick, beide Jäger des vorgenannten Jagdinhabers am 6. dmts. mit Schwefel-Phosphor vergifteter Kukurutz und am 7. dmts. eine verendete Fasan, aufgefunden.
Die Nachforschungen nach dem Ausstreuer, vielmehr Wildfrevler, der dies,

Abb. 2a (rechts): Das Schreiben, in dem von dem Wildfrevel berichtet wird
Abb. 2b (links): Mit Schwefelphosphor vergiftete Maiskörner (Foto Jürgen Tremer)

E.№ 1394   707 9/1

                                                    707/95

                        In

            das k.k. Bezirksgericht

                                        Feldbach.

Feldbach, am 10. September 895.

[...handschriftlicher Text in deutscher Kurrentschrift...]

Auf den Äckern der Besitzer Johann Zeller und Johann Saurug in Griebing, nächst einem Walde und so wie ein
Gebüsch ist und viele Hasen sind, Jagdrevier des Grafen Carl
Bardeau in Kornberg, wurden vom Alois Haas und Ferdinand
Gloick, beide Jäger des genannten Jagdhabers am 6. dieses
mit Schenkel-schrösser vergiftete Ankreutz und am 7. dieses
einen anderen Hasen, aufgefunden.

Die Nachforschungen nach dem Urheber, vielmehr Wildfrevler, der dies, um die vielen Dort befindlichen Hasen
zu vernichten, gethan hat, waren bis nun resultatlos.

Der hiedurch verursachte Schade kann nicht bestimmt
werden und beträgt in Rücksicht der verbesagten Hasen
1 fl. 50 kr.

Von den aufgefundenen vergifteten Ankreutz weisser
Gattung wurden am 12. Dieses im Anschlusse übergeben.

Die Nachforschungen nach diesem Wildfrevler werden
fortgesetzt und wird jede zweckdienliche Wahrnehmung
angezeigt.

                        Sommer m.p.
                        Wachtmeister.

um die vielen dort befindlichen Fasanen zu vernichten, gethan hat, waren bis nun resultatlos.

Der hiedurch verursachte Schade kann nicht bestimmt werden und beträgt in Rücksicht der vorbesagten Fasan 1 K 50 h.

Von den aufgefundenen vergifteten Kukurutz weißer Gattung werden 12 Körner im Anschluße übergeben.

Die Nachforschungen nach diesen Wildfrevler werden fortgesetzt und wird jede zweckdienliche Wahrnehmung angezeigt.

Sommer mp.
Wachtmeister.

Ch. B.

3. Familienzwist

Im Juni 1896 widerfuhr dem Kleinlandwirt Franz Maly aus Littau (das heutige Litovel in Mähren) das widerwärtige Schicksal, von seinem Vater Johann Maly erstochen zu werden, nachdem dieser „schon am Morgen

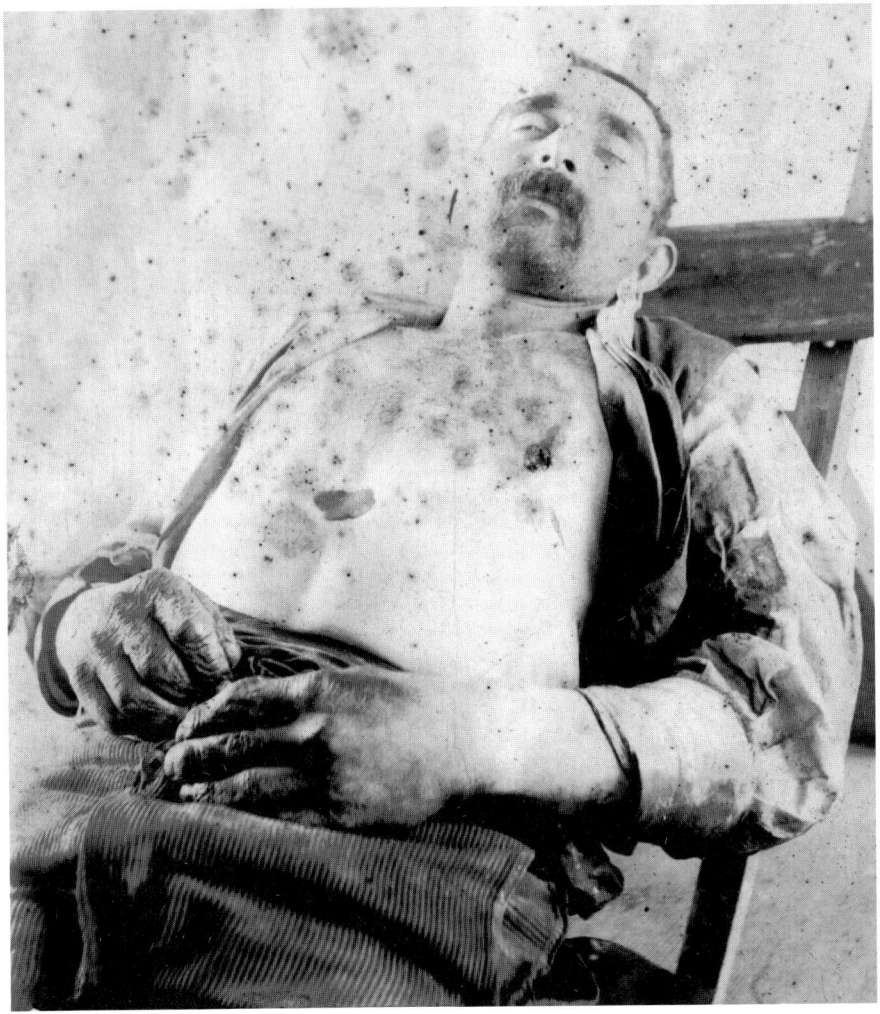

Abb. 3a: Das Opfer Franz Maly (Foto Kriminalmuseum)

Abb. 3b: Der Tatort (Foto Kriminalmuseum)

geäußert, heute werde ein verhängnisvoller Tag sein und nachdem er ein Messer geschliffen". Der am Bezirksgericht in Littau tätige Gerichtsadjunkt F. Paul übermittelte dem Grazer Kriminologischen Institut die Tatwaffe, eine durchstochene Rippe des Opfers sowie die hier gezeigten Fotografien. Auf dem Deckel der Mappe, in denen sich die Fotografien befinden, stehen folgende Zeilen geschrieben:

M. Häusler in G. S. gerieth mit seinem 60 Jahre alten Vater in der auf Nr. 4 ersichtlichen Ecke in Streit und stach seinen Sohn mit dem beigeschlossenen Messer nieder, nachdem er schon am Morgen geäußert, heute werde ein verhängnisvoller Tag sein und nachdem er ein Messer geschliffen. Das Messer drang bei der 4ten Rippe im knöchernen Theile 2 cm von der Knorpelostifikationsstelle ein, durchschnitt die Rippe, durchdrang das Brustfell am mittleren Lungenlappen am unteren Rande, schlitzte den Herzbeutel parallel zur Scheidewand zwischen dem rechten und linken Ventrikel (schlitzte die Wand des linken Ventrikels hinten und vorne auf ca. 3 cm)

24

durchstach das Zwerchfell, zerriß die Leber und zeichnete sich in einer punktförmigen Öffnung an der kleinen Ouvatur des Magens ab. Der Vater lief in sein Ausgedinge (die Tür auf Nr. 4) während der Sohn mit dem Messer in der Brust ca. 10-12 Schritte bis zur Stallthüre (Nr. 3) kam, wo er das Messer aus der Wunde herausriß. Die Thüre und die Butte im Stall zeigen noch die Blutspuren. Der Vater bestritt die böse Absicht, gab an, er habe sich mit dem zufällig in seinen Händen befindlichen Messer gegen einen Stockhieb gewehrt und nur in der Beckenhöhe zugestoßen. Richtung u. Kraft des Stoßes lassen sich deutlich aus den Bildern 1 u. 2 erkennen. Das Messer wurde nach Eröffnung der Brusthöhle nach dem Wundkanal eingeführt. M. sen. brachte sich mit einem zweiten Messer eine zus. Wunde am Bauch bei – genas aber. 4 Jahre schw. Kerker wegen Todtschlags.

F. Paul

Ch. B.

4. Politischer Unmut

Am 17. April 1898, einem Sonntag, saßen im Neuholz'schen Gasthause in Riegersburg (Stmk.) des Vormittags drei Zechbrüder beisammen und gaben sich dem Genuss von Most hin. Der Maurer Anton Prassl (41), der Keuschler August Fink (41) und der Grundbesitzer Josef Nöst (55) tranken dabei über den Durst, sodass sie in eine etwas hitzige Stimmung gerieten. Auf die politisch organisierten Standesvertreter der ländlichen Bevölkerung waren sie scheints generell schlecht zu sprechen, und so erregten zufällig in zwei Wagen das Gasthaus passierende, aus Ilz kommende Mitglieder des Bauernbunds ihren Unmut, der sich bald in losen Reden Luft machte. Man besprach mit einiger Leidenschaft, wie man den Bauernbündlern einen Streich spielen könne, wobei Nöst als Ideenlieferant agierte. Die Vorschläge steigerten sich in ihrer Intensität: Wollten die drei Kumpanen zunächst nur die Fahne der „Bündler" entwenden, wenn sie, abends am Heimweg, am Gasthaus wieder vorbeiführen, so war bald die Rede davon, sie mit Steinen zu bewerfen, und letztendlich verfiel man auf die Idee, die in den Wagen vorbeirollenden Bauernbündler mit Gewehren zu beschießen. Vor einer Aufdeckung ihrer Täterschaft hatten die potentiellen Attentäter jedoch Angst, sodass Prassl, der, wie die beiden anderen auch, verheiratet war, vorschlug, jüngere und noch nicht die Verantwortung für eine Familie tragende Männer zur Verübung der Tat anzustiften: „Für ein paar Liter Most bringst du ein paar ledige Burschen leicht dazu." Von diesem Plan war Nöst angetan: „Auf einen Halben Most steh' ich nicht an, wenn sie die anflitzen."
Die Zeit verging, es wurde Abend, und noch immer widmeten sich Prassl, Fink und Nöst dem Alkoholkonsum; mittlerweile waren sie, nach dem Verlassen des oben genannten Gasthofes, an die Dezimierung der Mostvorräte in Nösts Haus herangegangen. Zum Anwerben von Burschen, die ihre Pläne ausführen könnten, waren sie aufgrund dieser ihrer Beschäftigung nicht gekommen. Als die Stunde, in der die Bauernbündler am Heimweg die Straße nach Ilz passieren würden, nahte, holten Prassl und Fink ihre Gewehre herbei. Sie legten sich neben der Straße auf die Lauer. Als die „Bündler" die Stelle des Hinterhalts erreichten, gaben Prassl und Fink mehrere Schüsse auf die Wagen ab; da ihnen bald die Munition ausging, fragten sie den etwas abseits stehenden Nöst um seine Meinung bezüglich möglicher Verletzungen, worauf dieser antwortete: „Ein bissel anschießen schadet nicht." Daraufhin schafften sie weiteres Pulver und Blei heran und

Abb. 4: Schrotflinte, mit der auf die Bauernbündler geschossen wurde (Foto Jürgen Tremer)

setzten den Beschuss fort. Zwei Bauernbündler wurden leicht, zwei weitere schwer verletzt.

Die Täter konnten bald dingfest gemacht werden. Anton Prassl wurde wegen des Verbrechens der schweren körperlichen Beschädigung gemäß §§ 152, 155 a und d StG zu sieben Monaten schweren Kerkers, verschärft durch ein hartes Lager alle vierzehn Tage, verurteilt, August Fink zu sechs Monaten schweren Kerkers und einem harten Lager vierzehntäglich sowie zu einer Geldstrafe von fünf Gulden zu Gunsten des Armenfonds der Gemeinde Kornberg. Josef Nöst wurde als Anstifter zu der Tat mit acht Monaten schweren Kerkers und einem vierzehntäglichen harten Lager bestraft. Alle drei mussten solidarisch die Kosten des Strafverfahrens tragen; die verletzten Opfer wurden mit ihren Schmerzensgeldansprüchen auf den Zivilrechtsweg verwiesen.

Ch. B.

27

5. „Ein Complot anzunehmen, erscheint ganz unstatthaft..."

War das Holzscheit wirklich die Mordwaffe? War der geständige Verurteilte wirklich der Mörder?

Ort und Zeit: Arbeits- und Schlafsaal der Landeszwangs- und Besserungsanstalt Messendorf bei Graz, Mai 1900.

Der 19-jährige Josef Weiß, ein Findelkind, fünfmal ob Landstreicherei und Bettel, zweimal ob Diebstahls vorbestraft, vom Gerichtsmediziner Dr. Carl Klautzner als „abschreckend hässlicher und höchst widerlicher, kaum 140 cm hoher, ganz degenerativer, schwächlicher Bursche" beschrieben,

Abb. 5: War dieses Holzscheit wirklich die Mordwaffe? (Foto Jürgen Tremer)

befand sich seit gut drei Wochen als „Zwängling" oder „Corrigend" in der Landeszwangs- und Besserungsanstalt Messendorf bei Graz.

Vierzehn 9- bis 19-jährige Burschen (!) schliefen gemeinsam in einem sehr großen, die ganze Nacht über beleuchteten, mit vergitterten Fenstern versehenen Arbeitssaal. Alle Werkzeuge pflegten abends entfernt zu werden. Ein Kübel für die Notdurft stand neben der Tür bereit, und der einzige, mit einem Guckloch versehene Ausgang wurde von einem Aufseher abgesperrt, der mit einem zweiten Aufseher im Zimmer vor dem Saal schlief. Jedoch hatten nicht einmal diese beiden Wachtpersonen nachts Zutritt zum Saal, weil sie den Schlüssel an den in einem anderen Trakt wohnenden Oberaufseher weiterzugeben hatten.

Der Anklageschrift des Landesgerichtes für Strafsachen Graz, Schwurgericht Vr X 994/00, ist zu entnehmen, dass Mitzwänglinge des oben erwähnten 19-jährigen Josef Weiß in der Nacht vom 29. auf den 30. Mai 1900 durch lautes Röcheln des im Bett liegenden 11 3/4-jährigen, mit Blut überströmten Johann Korosec geweckt wurden, eine mächtige Wunde im Gesicht des Kindes bemerkten und den Aufseher weckten, der seinerseits den Oberaufseher holte. Nach all den oben angeführten, von der Landeszwangsanstalt nachdrücklich beteuerten Umständen war es also ausgeschlossen, dass ein anderer als ein Miteingesperrter als Täter in Frage kam. Noch dazu gestand Josef Weiß, schon angezogen in seinem Bett sitzend, gleichmütig, er habe den Johann, der ihn öfters verklagt habe, mit dem im Saal abends zurückgebliebenen schwertähnlichen „Papiersäcke-Austeilholz" (vermutlich ein Trennscheit als Zählhilfe nach jeweils einer gewissen Stückzahl von Papiersäcken) erschlagen. Das Holz wies starke Blutflecken auf.

Als der nur slowenisch sprechende verletzte Bub im Krankenhaus noch einmal kurz aus seiner Bewusstlosigkeit erwachte, gab er einem Dolmetsch gegenüber an, dass er mit einem anderen Zwängling entflohen, jedoch um 11 Uhr nachts im nahen Wald von Aufsehern erwischt und mit einem Säbel verletzt worden wäre. Man habe ihn hierauf in die Anstalt zurückgebracht, dann „wisse er nichts mehr von sich".

Ohne sein Bewusstsein wieder zu erlangen, starb Johann Korosec vier Tage später an einer Gehirnlähmung, die, wie die Obduktion ergab, durch eine gegen den Schädel ausgeübte stumpfe Gewalt verursacht worden war. Außerdem waren die Weichteile der linken Wange, der linke Kiefer und ein Nervenstrang durchtrennt, der Kieferknochen zerschmettert und das Gebiss zertrümmert, sodass die Gerichtsmediziner das Holzscheit als Mordwaffe völlig ausschlossen und der Befund am ehesten für die Verwendung eines nicht ganz scharfen Säbels sprach. Als sehr große, kräftige Männer zu Beweiszwecken heftige Hiebe gegen die Leiche durchführten, gelang es nicht, die Haut zu durchquetschen oder gar scharfe Weichteil-

und Knochenwunden zu erzielen. Im Gegenteil, das Schienbein kerbte das weiche Holz ein – vorher waren die stumpf abgerundeten Kanten durchgehend glatt gewesen! Weiß blieb aber unerschütterlich dabei, dass nur er geschlagen und bloß dieses Austeilholz verwendet habe.

Die k.k. Staatsanwaltschaft Graz räumte zwar in ihrer Anklageschrift die Möglichkeit ein, dass sich der 19-Jährige – trotz der gegenteiligen Äußerung der Anstaltsleitung – aus Rache ein schneidendes Werkzeugstück „bei Seite geschaffen und auch nach der Tat entsprechend zu verbergen gewusst" habe; die Version des Opfers, wonach es anlässlich eines Fluchtversuches von einem Aufseher mit einem Säbel niedergeschlagen worden sei, wurde aber als „ein Erzeugnis seiner durch die Gehirnverletzung krankhaft erregten Phantasie, die mit der Wahrheit nichts gemein" hätte, abgeschmettert. In den Unterlagen ist auch kein Hinweis auf den angeblich mitgeflohenen zweiten Zwängling zu finden.

Im 6. Band (S. 101 – 111) des von Prof. Dr. Hans Groß herausgegebenen Archives für Kriminal-Anthropologie und Kriminalistik (Leipzig 1901) beschäftigte sich der Gerichtsmediziner Dr. Carl Klautzner mit dem Fall. Er äußerte die Möglichkeit, dass das Opfer im verletzten und bewusstlosen Zustand in das Bett gelegt worden sei, ohne dass es die schlafenden Knaben bemerkt hätten. Vor allem sei verwunderlich, dass durch das laute Geräusch des Aufschlagens niemand geweckt worden sei und das Opfer nicht geschrien habe. Der einzige Zwängling, der etwas gehört haben wollte, hätte sich als vollständig unverlässlich erwiesen, und der Schlafkamerad, der von dem Attentat zuerst angeblich etwas gemerkt hatte, sei nur zufällig erwacht. Trotzdem habe aber der weit entfernt außen im Wächterhäuschen stehende Nachtwächter mehrmals deutlich und laut „Auweh" schreien gehört und darüber sofort Meldung erstattet. Erst nachträglich soll zuerst der eine, dann der andere Aufseher geweckt und endlich auch der Oberaufseher geholt worden sein, was gut eine Viertelstunde gedauert habe. Unter diesen Umständen hätten mehrere Zeugen behauptet, sie hätten nach dem Kommen der Wache noch gesehen, „wie die Mordwaffe vom Blute getropft hätte!" Der Gerichtsmediziner berichtet auch von der Behauptung eines Zwänglings bei der Schwurgerichtsverhandlung, der 19-Jährige habe den 12-Jährigen nur deshalb erschlagen, damit er aus der Anstalt käme. Klautzner schließt nicht aus, dass im Schlafsaal noch ein anderes zum Hiebe geeignetes, kantiges Werkzeug vorhanden gewesen sei, das man verschwinden ließ. Weiß habe vom angegebenen Standort aus unmöglich die Richtung der Wunden erzielen können, wie sie beim Opfer konstatiert wurden, er sei „ein kleiner, schwächlicher und verkümmerter Bursche und das Bett mehr hoch, weshalb eine besondere Wucht der Hiebe nicht denkbar" erschiene. Außerdem habe er „den Häftling seitdem oft und oft beobachtet" und konstatiert, dass er sich in „keine weiteren Erörterungen des Falles einlässt".

Josef Weiß wurde von den Geschworenen einstimmig schuldig gesprochen und zu dreieinhalb Jahren schweren Kerkers verurteilt. Er trat sofort, „ohne nur mit der Wimper zu zucken, die Strafe an", berichtet der Gerichtsmediziner. „Ganz unbegreiflich bleibt es nun, dass K. weder geschrien noch sich gewehrt haben soll, dass niemand im Zimmer etwas hörte, der Thäter die Verwendung eines scharfen Werkzeuges leugnet, nach Setzung der schweren Wunden auch noch mit dem Holze Hiebe führte, oder gar den K. zuerst bewußtlos schlug, dann erst die Wunden setzte und schliesslich wieder mit dem Austheilscheit darauflos geschlagen haben muss, da doch dieses Werkzeug blutig befunden worden war. Uebrigens wäre W. nur ein freiwilliger Märtyrer, welchen Preis soll er erhoffen, und warum änderte er dann seine Verantwortung und bestreitet nebensächliche Umstände? Ein Complot anzunehmen, erscheint ganz unstatthaft, da dies gewiss bald offenkundig geworden wäre."

I. G.

6. Raubmord auf der Pretulalpe

Am 24. Juni 1904 wurde auf der Pretulalpe (1656 m Seehöhe, Gemeinde Ratten, Bezirk Birkfeld, Steiermark) Peter Bergner, auch „Alm-Peterl" genannt, der allein mit seiner Hündin in der Einsamkeit hausende Pächter des Roseggerschutzhauses, durch wuchtige Beilhiebe erschlagen, als er vom Keller über eine Falltreppe in den Gastraum hinaufstieg. Der vertrauensselige, anspruchslose, wohl auch ein wenig sonderliche und schwerhörige Alte hatte als Volksdichter gegolten, hatte sein Schutzhaus in mustergültiger Ordnung gehalten und sich durch seine Heiterkeit allgemeiner Beliebtheit erfreut. Der Täter nahm ihm nicht nur sein Leben, sondern auch seine kleine Barschaft sowie eine Taschenuhr samt Uhrkette.

Abb. 6: Relief der Pretulalpe. Solche Gipsreliefs wurden am Kriminalmuseum angefertigt, um die topografische Lage der diversen Tatorte zu veranschaulichen (Foto Jürgen Tremer)

Bald wurde der 25-jährige Tischlergehilfe Rudolf Stergar der Tat verdächtigt. Stergar, „...von dem es bekannt ist, dass er solange er einen Heller besitzt, nicht aus dem Gasthaus gehe..." (Anklageschrift Vr VII 1409/4 k.k. LG Graz, 5. Sept. 1904), hatte sich lügend und Schulden machend durchs Leben geschwindelt. Auch eine Geliebte hatte ihm immer wieder mit Geld ausgeholfen – er hatte sich ihr gegenüber als Sohn wohlhabender Eltern ausgegeben und ihr die Heirat versprochen. Nach dem brutalen Raubmord am „Alm-Peterl" bezahlte Stergar großspurig die Zeche einiger Bekannter in diversen Wirtshäusern, das Bier floss literweise, Schweinsbraten wurde aufgetischt, und er konnte „Damenzigaretten" und Zigarren spendieren. Es fiel auf, dass er nun sogar täglich den Friseur aufsuchte.

Hinweise auf Stergar fanden sich schließlich auch im Hüttenbuch – er hatte sich darin als „Ferdinand Dworschack aus Brünn" eingetragen, die Zeile war zweifelsfrei von seiner Hand geschrieben worden, wie in einem Gerichtsgutachten festgestellt wurde. Ferner erkannten ihn Wanderer wieder, die ihm am Weg zwischen Mürzzuschlag und der Pretulalpe begegnet waren, und auch vom Gastwirt, dem er die geraubte Uhr verkauft hatte, wurde er identifiziert. Zitat aus der Anklageschrift: „Bei seiner steten Geldverlegenheit klingt es auch sehr unwahrscheinlich, daß er sich den Luxus einer Uhr gegönnt haben würde."

Stergar wurde zum Tod durch den Strang verurteilt, aber vom Kaiser „mit allerhöchster Entschließung vom 20.1.1905 begnadigt zu lebenslangem schwerem Kerker mit Dunkelhaft, hartem Lager und Fasten am 24.6. jeden Jahres".

I. G.

7. Falsche Freundschaft

Den Bewohnern des Raxengrabens in der Obersteiermark fielen am Abend des 24. Jänner 1906 drei fremde Frauen auf, die, sich mit den Armen umschlingend, in den genannten Graben hineinwanderten. Am folgenden Tag wurden zwei von diesen Frauen beim Forteilen aus dieser Gegend beobachtet.

„Der 10jährige Schulknabe Max Kainradl hat am 25. Jänner 1906 nachmittags gegen drei Uhr, als er mit Schneeschuhen den Langseiten Weg herabfuhr, gesehen, daß die von seiner Bewegungsrichtung linker Hand gelegene Böschung des Hohlweges im aufgelagerten Schnee eine abgeschliffene Stelle zeigte. Da er vermutete, daß oberhalb der Böschung jemand etwas versteckt habe, ging er hinauf nachschauen. Bei dem ersten Versuch war er selbst die Böschung heruntergerutscht. Als ihm der zweite gelungen war, entdeckte er in der oberhalb der Böschung gelegenen Mulde die Leiche einer Frau. Er wurde von grausem Schrecken erfüllt, machte daher keine weiteren verläßlichen Wahrnehmungen und eilte weg, um seinen in der Nähe arbeitenden Vater Josef Kainradl zu verständigen."

Wie der Anklageschrift St 182/6/63 der Staatsanwaltschaft Leoben entnommen werden kann, begaben sich die Schwestern Friederike und Marie Zeller am 24. Jänner 1906 mit dem Eisenbahnzug von Wien über Mürzzuschlag nach Kapellen am Eingang des Raxengrabens; ihre ‚Freundin' Marie Mayr war zuvor von ihnen überredet worden, sie auf dieser Reise zu begleiten. Die beiden Schwestern hatten einen Plan ausgearbeitet: Auf dem letzten Abschnitt der Zugreise wollten sie dem Opfer mit Morphium vergifteten Wein zu trinken geben; die Ablehnung des offerierten Getränkes sollte durch den von zuvor verabreichten Salzfischen herrührenden Durst verhindert werden. Marie Mayr schlug nun jedoch Fisch und Wein aus; auf diese Weise hätte der beabsichtigte Mord allerdings gar nicht verübt werden können. Eine der Schwestern Zeller, Marie, hatte sich einem Mediziner hingegeben, um den Preis einer Flasche Morphium; der Heilkundige jedoch hatte ihr nur gestoßenen Zucker übergeben, mit welchem eine tödliche Vergiftung wohl kaum herbeigeführt werden kann.

Also musste man anders zu Werke gehen. Die drei Frauen spazierten in den Raxengraben hinein und nächtigten in einem Gasthaus. Am nächsten Tag unternahmen sie einen Spaziergang, und an einer geeigneten, weil versteckten Stelle in einem Hohlweg rissen die Schwestern Zeller ihr Opfer zu

Abb. 7a: Max Kainradl am Fundort der Leiche (Foto Kriminalmuseum)

Boden, erdrosselten es mit Hilfe einer Würgeschlinge und schnitten ihm letztendlich die Kehle durch. Nachdem sie das Opfer aus dem Hohlweg in eine darüber befindliche Mulde im Waldboden gebettet hatten, marschierten sie zurück zum Bahnhof und fuhren nach Wien ab.

Wieder in der damaligen Reichshauptstadt angelangt, begannen sie, die Früchte einzusammeln, derentwegen der Mord begangen worden war. Aus der Wohnung der Ermordeten besorgten sich die Täterinnen deren Habseligkeiten; sie wussten, dass sich darunter ein Sparkassendepot befand. Da dieses jedoch mit einem den Mörderinnen unbekannten Losungswort versehen war, gestaltete sich die Behebung der über 8000 Kronen, die in dem Depot gelagert waren, äußerst schwierig, wodurch sich die weitere Flucht, die nach St. Petersburg führen sollte, verzögerte. So konnten die Täterinnen trotz der von ihnen gelegten falschen Spuren – so z.B. mehreren Falschmeldungen neuer Wohnsitze unter dem Namen der Ermordeten – gefasst werden.

Gleich nach dem Auffinden der Leiche der Marie Mayr war von den Behörden eine Auflistung der bei ihr aufgefundenen Kleidungsstücke und Gegenstände verfasst und in den Zeitungen veröffentlicht worden; bald meldete sich eine ehemalige Wohnungsgeberin der Getöteten, die diese identifizierte und die Ermittler auf die richtige Spur führte.

In den auf die Verhaftung folgenden Untersuchungen wurde das hauptsächliche Motiv für dieses Verbrechen ersichtlich: Die Schwestern Zeller waren im Jahr 1901 von ihrem Heimatort Neuberg in der Nähe von Mürzzuschlag nach Wien gezogen. Aus ärmlichen Verhältnissen stammend, gelang es ihnen auch in Wien nicht, ein finanziell gesichertes Leben aufzubauen. Marie, zur Zeit der Tat noch keine 18 Jahre alt, war in Gefahr, in die Prostitution abzugleiten; und ihre ältere Schwester Friederike, 26 Jahre alt und die treibende Kraft bei der Planung und Ausführung des Mordes, hatte ihre Stelle als Zimmermädchen in einem Hotel aufgegeben, als sie sich mit einem vorgeblichen Opernsänger verlobte, womit „ein böses Verhängnis über ihr und ihrer Schwester Marie Schicksal heraufbeschworen" wurde, wie der Ankläger anmerkte.

Marie Zeller ging nur sporadisch einem Erwerb nach, Friederike Zeller und ihr Verlobter Josef Prohaska überhaupt keinem, und so ist es leicht erklärlich, dass sie sich in beständigen Geldnöten befanden. Da lernte Marie Zeller in einem Kaffeehaus – das ‚Kaffeehaussitzen' scheint eine beliebte Beschäftigung gewesen zu sein, die hier erwähnten Personen verkehrten täglich in ihren Stammcafés – die Marie Mayr kennen, eine 27 Jahre alte, sehr ver-

Abb 7b: Die Gerichtskommission vor der Mulde (Foto Kriminalmuseum)

schlossene und einsame Frau, die von ihren verstorbenen Eltern ein kleines Vermögen geerbt hatte. Sie gewann das Vertrauen des späteren Opfers und machte es mit ihrer Schwester Friederike bekannt. Letztere hatte vor einiger Zeit gemeinsam mit ihrem Verlobten ein Darlehen aufgenommen, welches sie nun nicht zurückzahlen konnte, und so reifte in ihr der Beschluss, sich das ihr fehlende Geld von der neugewonnenen ‚Freundin' Marie Mayr zu beschaffen, wenn es sein müsse, auch mit Gewalt. Die jüngere Schwester Marie war bald für die diesbezüglichen Pläne gewonnen, und so kam es zur Verübung des oben geschilderten Mordes.

Aus der Anklageschrift geht hervor, dass nicht pure Grausamkeit oder Geldgier das bestimmende Motiv zur Tat gewesen war. Friederike Zeller, die dem Ankläger als die Haupttäterin galt, habe ein glückliches Leben in Wohlstand mit dem angeblichen Opernsänger Prohaska erträumt; ihr Verlobter hatte ihr immer wieder von einer fulminanten Karriere in St. Petersburg vorgeflunkert, es fehle ihm nur das für die Reise dorthin notwendige Kapital. Und Friederike Zeller „suchte nun den Mann, der sich und ihr eine glänzende Zukunft versprach, festzuhalten, indem sie alles daransetzte, das

37

Geld für die Reise nach Rußland aufzubringen." Friederike Zellers unkluges Umgehen mit Geld und ihr Wunsch nach einem angenehmen Leben ohne eigene Erwerbstätigkeit hätten demnach einer Frau, die ohne eigenes Zutun zu einem zu erwerbslosem Leben ausreichenden Vermögen gekommen war, das Leben gekostet.

Friederike Zeller wurde zum Tod durch den Strang verurteilt, später aber begnadigt; ihre Strafe wurde in 20 Jahre schweren Kerkers, verschärft durch Fasten und Dunkelhaft am 25. Jänner jeden Jahres, umgewandelt. Ihre Schwester Marie Zeller wurde mit 18 Monaten schweren Kerkers und einem monatlichen Fasttag bestraft.

Ch. B.

8. Aberglaube und Betrug

Im Jahre 1903 trat Patriz Hirschmanner als Knecht in den Dienst der bäuerlichen Eheleute Kaiser. Da diese kinderlos waren, übergaben sie ihrem Knecht im Jahr 1906 ihren Besitz, im gleichen Jahr hatte Hirschmanner auch seine Frau Marie geehelicht. Bereits 1907 starb der am Hof im Ausgedinge lebende Altbauer, 1910 dann dessen Frau. Schon bald nach der Hofübergabe hatten sich aber die Angelegenheiten des neuen Besitzerpaares Hirschmanner zum Schlechten zu wenden begonnen: Das Vieh wollte nicht mehr recht gedeihen, und mit der Gesundheit Patriz Hirschmanners ging es zusehends bergab. Die offensichtlich einer nicht gerade rationalen Weltsicht verhafteten Eheleute schoben die Schuld an der misslichen Situation der damals noch lebenden Altbäurin in die Schuhe: Sie verfielen „in unfaßbarer abergläubischer Verblendung auf den wahnwitzigen Gedanken (...), die alte Marie Kaiser sei eine Hexe, die das ganze Haus verhext habe."

Abb. 8a: Von der Zigeunerin gesammeltes Isländisches Moos, das sie als heilsamen „Kramperltee" ausgab (Foto Jürgen Tremer)

Als im Mai 1909 eine bettelnde Zigeunerin am Hof erschien, der der schlechte gesundheitliche Zustand Patriz Hirschmanners auffiel, sprach sie ihn darauf an und überzeugte ihn davon, dass eine der Zauberei mächtige Person von einem Friedhof ein Bein gestohlen und zusammen mit einigen Haaren Hirschmanners und mit Haaren von dessen Vieh dazu verwendet habe, den Hof mit einem Zauberbann zu belegen; dieser Jemand werde wohl die Altbäurin sein, die den Hirschmanner „abselchen" wolle. Die Zigeunerin gab ihm den Auftrag, ein Ei in den Stall zu tragen und es dort mit Erde zu bedecken. Dann befahl sie Hirschmanner, in einen Zwirnfaden drei Knöpfe zu machen und den Faden auf seine Hand zu legen, die sie mit Weihwasser besprengte; siehe da, danach waren die Knöpfe verschwunden, also musste für den Leidenden noch Hoffnung bestehen. Sie besprengte auch das wieder hervorgeholte Ei mit Weihwasser, Hirschmanner musste das Ei zertreten, und, oh Wunder!, es fanden sich anstelle eines Dotters zwei Knochenstücke sowie ein Vieh- und ein Menschenhaar! Die Zigeunerin wusste nun, wie dem Manne geholfen werden könne. Sie verlangte von dem Landwirt 200 Kronen, die in einer Kirche verborgen werden müssten, weitere 30 Kronen für die Abhaltung einer schwarzen Messe und schließlich drei Stücke Selchfleisch, die vergraben werden müssten, auf dass anstatt Hirschmanners dieses Fleisch verfaulen solle. Hirschmanner nahm von ihr noch das Rezept für einen Heiltrank entgegen und folgte ihr das verlangte Geld und das Selchfleisch aus. Die Zigeunerin verabschiedete sich für diesmal; noch mehrmals aber stattete sie im Jahr 1909 dem Patriz Hirschmanner Besuche ab, wobei sie immer wieder höhere Geldsummen verlangte, da der Zauber stärker sei als ursprünglich angenommen. Bei ihrem letzten Besuch teilte sie Hirschmanner mit, seine Krankheit gehe schon auf sie über, „beim Geistlichen stehe noch eine Schlange auf, was nur durch weitere 400 Kronen behoben werden könne"; das Ehepaar Hirschmanner folgte auch diesen Betrag bereitwillig aus. Die etwa fünfzigjährige Angehörige des fahrenden Volkes ging sodann ihrer Wege und ließ sich am Hof der Hirschmanners nicht mehr blicken.

Die Zeit verging und der Gesundheitszustand des Landwirts Hirschmanner besserte sich nicht; der auf dem Anwesen lastende Zauberbann der „Hexe" Marie Kaiser war scheinbar stärker als gedacht. Einige Monate später tauchte, angeblich von einer Wallfahrt kommend, eine weitere Zigeunerin am Hof auf. Die um die 35 Jahre alte Frau wusste zu erzählen, dass die zuvor erschienene zauberkundige Zigeunerin an dem von Hirschmanner auf sie „übergegangenen" Fluch „zugrundegegangen" sei, und auch deshalb, „weil die Eheleute Hirschmanner über sie gespöttelt und bedauert hatten, daß sie ihr Geld gaben". Die zweite Zigeunerin nun erleichterte für die Zurverfügungstellung ihrer heilenden Zauberkünste das unglückliche Ehepaar um insgesamt 840 Kronen, Brot, Getreide, einen „Kittel", ein Umhängetuch, eine Damenuhrkette und zwei Silberuhren („damit sie beim Beten

Abb. 8b: Die Täterin Kreszenzia Brandner (Foto Kriminalmuseum)

41

die Fristen einhalten könne"). Im August 1912 erschien sie zum letzten Mal, um die Hirschmanners darauf hinzuweisen, Zigeunerinnen ja nichts zu glauben, „da dies die schlechtesten Leute seien".

Am 6. Dezember 1912 begann eine dritte Zigeunerin ihr Spiel mit dem Ehepaar Hirschmanner. Auch diese, Kreszenzia Brandner, fand „willig Gehör und offene Hände". Gleich beim ersten Besuch am Hof wies sie das von den Hirschmanners der vorigen Zigeunerin ausgehändigte Umhängetuch vor; diese sei ihre Tochter gewesen, habe aufrichtig helfen wollen, habe aber ihr Leben verloren, da sie „nicht die Wissenschaft hatte, die schwarzen Hände aufzuheben". Dann eröffnete sie den Bauersleuten, dass in ihrem Haus ein Schatz verborgen sein müsse, auf welchem allerdings „noch die schwarzen Hände sind, die noch behoben werden müssen". Sie erklärte sich dazu bereit, den Hirschmanners sowohl in Hinsicht auf die Gesundheit des Bauern als auch bei der Hebung des Schatzes behilflich zu sein, allerdings waren ihre Geldforderungen weitaus höher als die ihrer Vorgängerinnen. Sie verließ mit 1000 Kronen das Haus, kam aber am 20. Dezember wieder, um diesmal 600 Kronen abzuholen. Daraufhin begab sich Kreszenzia Brandner nach Kärnten, blieb jedoch mit ihren Opfern in Kontakt. So sandte sie aus Treibach in Kärnten mit der Post ein Paket, das einen für die Gesundheit Patriz Hirschmanners angeblich förderlichen Tee enthielt; tatsächlich handelte es sich bei diesem „Kramperltee" um getrocknetes Isländisches Moos. In einem dem Paket beigelegten Schreiben forderte sie weitere 1000 Kronen. Würde ihr diese Summe übergeben, „dann hätten sie gewonnen, andernfalls seien sie verloren" und müssten „alle zugrundegehen".

Am 31. Jänner 1913 erschien sie wieder persönlich, um die schriftlich geforderte Summe in Empfang zu nehmen. Ob der vielen der Wiederherstellung seiner Gesundheit dienenden Investitionen in die schwarzen Künste der drei Betrügerinnen hatte sich, was die Finanzlage Patriz Hirschmanners anbelangte, ein gewisser Engpass gebildet. Auf Anraten seiner Frau hatte er schon bei Bekannten Geld ausgeborgt, um die letzten Forderungen der Kreszenzia Brandner erfüllen zu können. Nun, da es angeblich ums Ganze ging, machte er sich auf den Weg in das nahe gelegene Kirchdorf, um das Geld aufzutreiben.

Dem Gendarmen Josef Hubmann war aber aufgefallen, dass Patriz Hirschmanner in letzter Zeit sich höhere Geldsummen zu verschaffen versucht hatte. Dies kam ihm befremdlich vor, zumal Hirschmanner als fleißig und sparsam galt, und er beschloss, der Sache nachzugehen. Als ihm an jenem

Tag zu Ohren kam, dass der Landwirt erneut versuchte, sich für „eine heilige Sach" Geld zu borgen, folgte ihm Hubmann gemeinsam mit einem weiteren Gendarmen unauffällig. Hirschmanner ging zurück zu seinem Haus; er musste Kreszenzia Brandner eröffnen, dass er vor dem nächsten Tag nicht hoffen könne, die 1000 Kronen heranzuschaffen. Brandner entgegnete unwirsch: „Wirst wohl 500 Gulden kriegen und wenn Du 500 Gulden nicht kriegst, so tun es 300 Gulden auch, so gib halt ich in Gottes Jesus Namen 200 Gulden von meinem drauf, 500 Gulden müssen es sein. Das ist das letzte Mal, nach dem seid's Ihr erlöst und ich auch von Euch und die Seligkeit und das Glück ist da!" Die beiden Gendarmeriebeamten hatten aber durch ein Fenster die Szene beobachtet und das Gespräch belauscht; als Hirschmanner das Haus verließ, um für Brandner Most zu holen, betraten die beiden Ordnungshüter das Haus und verhafteten die Betrügerin. Die von ihnen durchgeführten Vernehmungen und Erhebungen brachten den Verlauf der durch die hemmungslose Abergläubigkeit des Ehepaars Hirschmanner erst möglich gewordenen Ereignisse ans Tageslicht.

Die Identität der ersten beiden betrügerischen Zigeunerinnen konnte nicht ausgeforscht werden. Zwar nahm man an, dass sie miteinander und mit Kreszenzia Brandner zusammengearbeitet hatten, doch konnten dafür keine Beweise beigebracht werden. Auch ein Mitwirken der aus dem Bruder der Brandner und fünf Kindern bestehenden „Bande", mit der die Beschuldigte durch die Lande zog, konnte nicht nachgewiesen werden.

Die schon oftmals vorbestrafte Kreszenzia Brandner, die vom Ehepaar Hirschmanner insgesamt 1808 Kronen an Bargeld und Wertgegenstände im Werte von 28 Kronen erhalten und weitere 1000 Kronen herauszulocken versucht hatte, wurde von der Staatsanwaltschaft Leoben wegen Betruges und Landstreicherei angeklagt (Anklageschrift St 137/13-8, Vr VIII 7313-203. Aus dieser Anklageschrift stammen auch sämtliche Zitate.) Sie wurde zu fünf Jahren schweren Kerkers verurteilt, verschärft durch einen Fasttag und ein hartes Lager vierteljährlich; die Einlieferung in eine Zwangsarbeitsanstalt wurde vorgesehen.

Ch. B.

9. „...von nicht alltäglicher Kühnheit...“

Die Familie Käfer, wohnhaft in Nörning, Gemeinde Neustift (Stmk.), zeichnete sich durch besondere kriminelle Energien aus, denen sie in auf Bereicherung ausgerichteten, familienausflugartig organisierten Unternehmungen ein weites Betätigungsfeld schuf. Zunächst verlegten sich die Leute auf den Diebstahl von Selchfleisch, welches sie aus diversen Häusern in Neustift entwendeten. Offensichtlich genügte ihnen der Konsum von konserviertem Fleisch nicht; das ist auch in der Tat nicht die gesündeste Ernährungsweise. Es stand den Keuschlersleuten der Sinn nach frischerer Kost.

In der Nacht zum 29. Oktober 1910 begab sich also der Vater Matthäus Käfer gemeinsam mit seinem Sohn Anton zum Gehöft des Josef Jagerhofer in Hohenbrugg, woselbst sie sich an die Ausführung eines Werks machten, dem die Staatsanwaltschaft Graz schon beinahe Bewunderung zu zollen sich genötigt sah: Schon die bisherigen Diebstähle „hatten (...) von nicht alltäglicher Kühnheit gezeugt“, diese neue Tat nun sei jedoch „mit einer kaum mehr zu überbietenden Verwegenheit ausgeführt worden. Als nämlich die Besitzerstochter Hermine Jagerhofer in Hohenbrugg am Morgen des 29. Oktober 1910 sich in den Stall ihres Vaters Josef Jagerhofer begab, um hier das Vieh zu füttern, entdeckte sie zu ihrem Schrecken, daß der Stall leer war“ (Anklageschrift Vr X 2222/12/169). Des Viehs hatten sich in der besagten Nacht die beiden Käfer angenommen: Sie waren in die an den Stall stoßende Futterkammer eingestiegen, hatten in die Mauer derselben eine ausreichend große Bresche gebrochen und schließlich das Vieh, drei Kühe und eine Kalbin im Gesamtwert von 1.780 Kronen, durch dieselbe ins Freie getrieben und letztendlich einer vernünftigen Verwertung zugeführt. Die Gendarmerie allerdings „vermutete die Diebe in ungarischen Grenzbewohnern“.

In den folgenden Monaten kamen ihren rechtmäßigen Besitzern auf ähnlich erstaunliche Weise noch drei Schweine abhanden; aus den am jeweiligen Tatort hinterlassenen Spuren ging eindeutig hervor, dass die Tiere an Ort und Stelle geschlachtet und für eine weitere Verarbeitung präpariert worden waren.

Die auf Gewährleistung eines sorglosen Lebens ohne Arbeit ausgerichteten Machenschaften der Familie Käfer kulminierten in Wegelagerei. Vater und Sohn Käfer hatten sich zu diesem Zwecke aus Fahrradrohren, weiteren

Metall- und Holzstücken sowie ein wenig Eisendraht Waffen gebastelt, und zwar je zwei Gewehre und Pistolen, die zum Abfeuern von so genannten Scheintotpatronen geeignet waren. Beim Abfeuern dieser Patronen kam es zu einer Gasentwicklung, die eine ähnliche Wirkung entfaltete, wie dies bei heutigen Reizgaspatronen der Fall ist. Solcherart gerüstet, legten sie sich

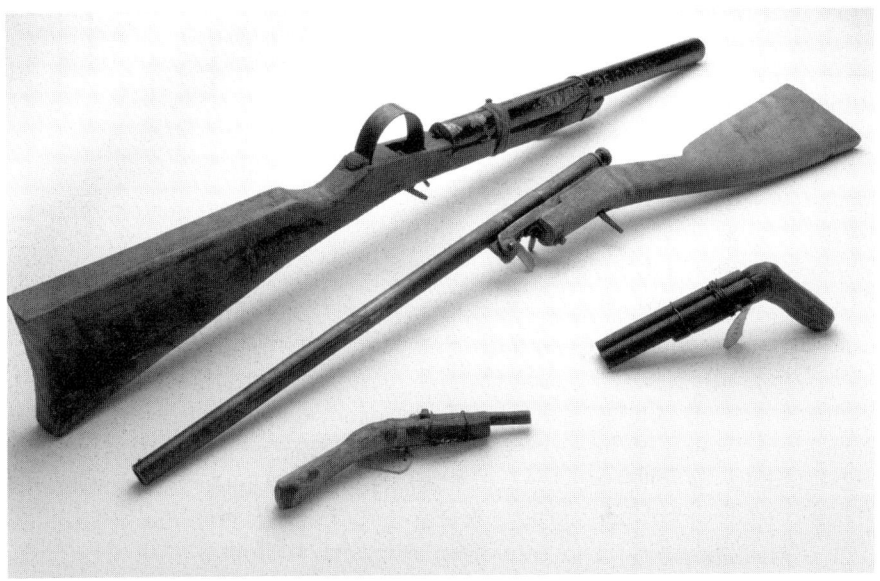

Abb. 9: Von den Räubern selbstverfertigte Waffen (Foto Jürgen Tremer)

am 13. Dezember 1912 neben einer vom Bahnhof Ebersdorf kommenden Straße auf die Lauer; zuvor hatten sie eine schwenkbare Barrikade an einem Baum installiert. Sie wussten, dass hier allwöchentlich der Gastwirt und Viehhändler Josef Gerngroß entlangfuhr, der, nach Besuch des Viehmarkts in Graz, von einem seiner Knechte vom Bahnhof Ebersdorf abgeholt wurde. Als im Dunkel der Winternacht das Pferdefuhrwerk des Gerngroß nahte, schwenkten sie die Barrikade aus, stürzten aus ihrem Versteck hervor und gaben jeder einen Schuss ab. Das Pferd scheute, wendete und lief mitsamt dem Wagen davon, der Knecht des Viehhändlers eilte dem Fuhrwerk nach, und Gerngroß lag auf der Straße. Ihm näherte sich einer der Täter, schoss nochmals, und dieser zweite Schuss verletzte Gern-

45

groß leicht am linken Auge. Der Überfallene händigte den Wegelagerern seine Brieftasche aus, worauf diese den Tatort verließen, nicht ohne noch schnell die Barrikade zu entfernen. Gerngroß taumelte, „vor Schreck halb ohnmächtig", nach Hause. Er konnte sich trotz allem ins Fäustchen lachen: Einer spontanen Eingebung folgend, hatte er noch während der Bahnfahrt die in seiner Brieftasche befindlichen Banknoten entnommen und in sein Notizbuch gesteckt; die Räuber würden in der Brieftasche ein Exemplar der Tagespost vom 13. 12. 1912 vorfinden.

Das war nun eine Prise starken Tobaks zu viel. Schon vorher hatten die Käfer immer wieder Verdacht erregt. Nun wurde eine Hausdurchsuchung angeordnet, die selbstverfertigten Waffen wurden gefunden, und trotz anfänglichen Leugnens konnten sie dieser Tat überführt werden. Auch die Täterschaft an den oben geschilderten Diebstählen konnte nun geklärt werden.

Wegen einiger kleinerer Delikte waren Mitglieder der Familie Käfer bereits in Haft gewesen, unter anderem auch die Frau Matthäus Käfers, Theresia. Diese war im Jahr 1911 wegen eines Vergehens gegen den Oberlehrer Josef Jamnigg zu einer sechswöchigen Haftstrafe verurteilt worden; Matthäus Käfer sah nun nicht in seiner Frau respektive in ihrem Verhalten den Schuldigen, sondern im Oberlehrer. Während dieser sich auf Hochzeitsreise befand, rächte sich der Mann der Inhaftierten, allerdings konnte der Täter damals nicht ausgeforscht werden: „In der Zeit vom 2. bis 4. September 1911 hatte ein unbekannter Täter sämtliche Räume der Wohnung, als Schlafzimmer, Wohnzimmer und Küche mit Abortjauche besudelt." Neben anderen konnte auch dieser bisher ungeklärte Fall abgeschlossen werden.

Wegen vielfältiger Delikte angeklagt, wurde den Eheleuten Käfer und ihrem Sohn nun ihre Strafe zu Teil: Matthäus Käfer wurde zu zwölf Jahren schweren Kerkers, einem harten Lager vierteljährlich und zwölf Fasttagen jährlich verurteilt, Anton Käfer zu drei Jahren schweren Kerkers mit vierteljährlichem hartem Lager und 12 Fasttagen im Jahr; am glimpflichsten kam Theresia Käfer, der vor allem Hehlerei zur Last gelegt wurde, davon. Sie musste sieben Monate Kerker und sieben Fasttage abbüßen.

Ch. B.

10. Ein Brief aus dem Gefängnis

Im Jahre 1911 wurde über Maria Hirsinger, von den Grazer Kriminologen als „Schwachsinnig-Hysterische" eingestuft, die Untersuchungshaft verhängt, da sie wiederholt bei Gendarmerie und Gericht ihren Ehegatten des an ihr versuchten Giftmordes bezichtigt hatte, welches Verhalten dem Tatbestand der Verleumdung (§ 209 StG 1852; heute § 297 StGB 1974) entsprach. Aus der Untersuchungshaft schrieb sie mehrere Briefe an verschiedene ihr bekannte Personen, in denen sie die Adressaten darauf ‚hinwies', an welche Begebenheiten – seien sie nun tatsächlich vorgefallen oder nur der Gedankenwelt der Beschuldigten entsprungen – sich diese ‚erinnern' sollten. Hiermit liegt eine versuchte Zeugenbeeinflussung vor. Einer der besagten Briefe lautet folgendermaßen:

Papir und Kobert zahle ich später.

An Wohlgeborene Frau Brunholzer.

Da ich Ihnen einige paar Zeilen mitheilen muß, wo sie es nicht glauben werden, das wir jetzt nochmals zukomen werden, damit ich ihnen Herr und Frau Brunholzer, ihner noch Erhrinen könnten, Wie wir für 2 oder 2 1/2 Jahren bei ihnen waren und das die Fräulen Johanna Buxbaum bei uns länger als 14 Tagen auf die Kost, und Bett hir war!
Dan werden sie vieleich Erhrinen können, noch, wie die beiden zusamen gespillt haben, und ich unter dem Bett hineinschlüpfen hätte müssen, als sein Weib dan werden sie ihnen auch Erhrinen können Wie sie beite lustig waren beisamen, ihmer gesungen, gedanzt, und gefifen, haben mitsamen, dan hatte er ihr gekitzl ihm Bett, das sie oft gesagt hatte, geben sie Ruhe. Das ich alles ansehen habe müßen.
Dan werden sie Frau Brunholzer, auch Erhrinen können, wie sie zu mir gesagt habend, ich soll die Buxbaum abführen lassen, mit dem Wachmann, weil nie eine Ruhe war.
Dan liebe Frau Brunholzer. werden Sie ihnen Ehrinen können wie er einmal anfangen hatte, auf die Nacht zu schimpfen, und gesagt hatte wenn er mich unter vir Augen, nicht dawischt dawirgt er mich so und wie er am 2den

Abend zuhaus komen, keine Ruhe mehr war. und ich und Buxbaum zum Gemeindesekräter gangen sind, durch Furch und Grobsein, das er aus dem Häuzl war. Und Er gespunen hatte.

Dan liebe Frau Brunholzer. bitte ihnen herzlich das sie ihnen Ehrinen können, wie mein Mann Holz herunter gesogen hatte, und ich die Bloch nicht tragen habe können. Das mir zu schwer waren. Da habe ich wieder Watschen bekomen, das wießen sie alles, und werden ihnen Erhrinen können. Er läugnt alles, Er sagt er war mit der Buxbaum nie gut. und das ihnen Herr auh aufgeregt war. Das ist auch war für beide. So schlüsse ich mein Schreibend mit vielen Grüssen. und bitte ihnen sobaltige Antwort zu senden. Da am 15. oder 17. Jänner Schwurverhandlung ist So bitte ich, das der Untersuchungrichter früher zu wissen bekomt.

Mit herzlichen Gruß an Herrn und ihnen, samt Sohn Karl Augustin.

Adreße Frau Maria Hirsinger. in Kreisgericht Leoben. bin schon 3 Wochen hir. in Untersuchung.

Ch. B.

Abb. 10 (rechts): Die erste Seite des von Maria Hirsinger in Untersuchungshaft geschriebenen Briefes

An.

Wohlgeborene Frau.

Leinholzer.

Da ich Ihnen [...] gerne [...] mittheilen [...], [...] sie es nicht geschrieben werden, daß wir jetzt [...] zukommen werden, damit ich Ihnen Herrn und Frau Leinholzer, ihnen [...] schreiben könnt. Wie wir für 2 oder 2½ Jahren bei ihnen waren, und daß die Fräulein Johanna [...] kaum bei uns [...] als 14 Tagen [...] die [...] und [...] Leut hier waren!

Daß wir den sie [...] ehrlich erkennen können, [...] die beiden zusammen geseilt [...], [...], und ich [...] dem [...] schließen sollen müssen, als ein Weib

Daß wir den sie ihnen auch erkennen können.

49

11. Die Kindsmörderin

Die 1882 geborene Marie Pöschl, eine fleißige und geschickte Näherin aus Thal bei Graz, hatte im Alter von 20 Jahren nach Liebesverhältnissen mit zwei Knechten in Thal eine Fehlgeburt im vierten Monat der Schwangerschaft. Die Frucht vergrub sie heimlich in der Nähe ihres Wohnhauses. 1907 lernte sie den bereits mehrmals wegen Diebstahls vorbestraften, 38-jährigen Johann Koß, Knecht im Schloss Thal, kennen. Er gab sich als vermögend aus und versprach ihr die Heirat, allein der Pfarrer des Pfarramtes Kalvarienberg konnte kein Aufgebot erstellen, da sich Koß fälschlich als ausgedienter Soldat ausgegeben hatte und die Militärdokumente nicht beibringen konnte. Die junge Frau wurde wieder schwanger und gebar 1908 einen Sohn, Hans. Der Kindsvater unterstützte sie aber nicht, sondern drohte ihr, dass er sie und ihr Kind umbringen würde, sollte sie die Alimente einklagen wollen. Nachdem die dermaßen eingeschüchterte Frau mit ihrem Kind und ihren Eltern nach Gösting bei Graz gezogen war, musste sie allein für den Sohn, ihre 74-jährige Mutter und ihren kranken Vater sorgen. Koß aber „kam alle 8-14 Tage nach Gösting, bestellte die Pöschl in ein Gasthaus und redete solange in sie hinein, bis sie sich von ihm gebrauchen ließ", worauf sie wieder schwanger wurde. Auch nun forderte er sie auf, „das Kind umzubringen oder damit zu machen was sie wolle". Sie schnürte daraufhin ihren Leib, um die Schwangerschaft zu verbergen, was ihr auch gelang, denn die Aufmerksamkeit der Leute in ihrer Umgebung konzentrierte sich in der Zeit ohnehin auf ihren todkranken Vater. Als sie in der Kammer, wo sie mit ihrem Sohn schlief, im März 1909 einen lebenden Knaben zur Welt brachte, erdrosselte sie ihn mit einem Tuch, „hüllte die Leiche in Fetzen und legte sie in eine neben ihrem Bett befindliche Kiste, wo sie noch am 9. 11. 1911 [zweieinhalb Jahre später!] in mumifiziertem Zustande, von Insekten zernagt aufgefunden wurde" (Zitat aus der Anklageschrift des Landesgerichts für Strafsachen, Schwurgericht Graz Vr X 1944/11).

Koß kam die ganzen nächsten Monate hindurch jeden Sonntag nach Gösting, schlug vor Maries Haus Lärm, überschüttete sie in Briefen und Karten mit Drohungen, sie zu erschlagen und wegen Kindsmordes anzuzeigen, um sie zur Fortsetzung des Verhältnisses zu zwingen. Auch diesmal erreichte er, was er wollte – und Marie wurde zum vierten Mal schwanger. Sie gebar im August 1910 ein gesundes Mädchen, erdrosselte dieses, wie schon den Knaben ein Jahr zuvor, mit einem um den Hals gelegten Tuch

Abb. 11: Mit diesem Strick beging Marie Pöschl ihren dritten Kindsmord (Foto Jürgen Tremer)

und vergrub die Leiche, nachdem sie sie bis zum Morgen im Bett behalten hatte, neben der Holzhütte in der Erde. Diesmal war den Leuten zwar aufgefallen, dass sie auf einmal schlanker geworden war. Marie verstand jedoch, alle Anfragen „mit dem Hinweise darauf verstummen zu machen, daß ihr die Frucht von Dr. Haller genommen worden sei".

Damit jedoch nicht genug: Im Oktober 1911 gebar sie abermals einen lebenden Knaben. Ihn erdrosselte sie mit einer um den Hals gelegten Schnur. Das Gerede der Leute verstummte nicht mehr: Marie Pöschl wurde angezeigt. Die Frau war „unumwunden geständig". Koß jedoch leugnete jede Nötigung und Anstiftung zur Tötung der Kinder, wollte sich an nichts erinnern können und nicht einmal von der Geburt der Kinder Kenntnis gehabt haben. Die von ihm geschriebenen Briefe, die die Frau vorlegen konnte, straften seine Worte aber Lügen.

Beide wurden zu 10 Jahren schwerem Kerker verurteilt, verschärft durch ein hartes Lager vierteljährlich. Über das weitere Schicksal des Sohnes Hans wird in den Akten nichts berichtet. Die Schnur, mit der der Kindsmord verübt wurde, befindet sich in der Sammlung des Kriminalmuseums.

I. G.

51

12. Nächtlicher Raubmord

„Wie kannst Du zu mir Du sagen, Du verdammter Zottel Du!"
„Wenn Du mir 'Du' sagst, kann ich auch Dir 'Du' sagen!"
„Zottel, Gauner, ich werde vielleicht zu Dir 'Sie' sagen!"

So soll auf dem spätabendlichen Heimweg nach einem Wirtshausbesuche in Kindberg am 27. Oktober 1912 ein Streit zwischen dem Werksarbeiter Paul Freitag und dem Steinbrecher Kilian Durchlaufer begonnen haben, nach den Angaben des Letzteren. Die herablassende Art des um einiges älteren Freitag habe den 28-jährigen Durchlaufer derart in Erregung versetzt, dass er ihn mit Hieben seines Spazierstockes aus Haselnussholz und mit Tritten seiner schweren, genagelten Schuhe solange traktierte, bis sein Opfer „sich lang hinstreckte und nicht mehr rührte". Nachdem ihm bewusst geworden war, dass er Freitag erschlagen hatte, habe er ihn zur nahe vorbei fließenden Mürz geschleift, um den Leichnam dortselbst ins Wasser zu werfen; bei dieser Arbeit habe er die Geldtasche des Opfers ertastet und an

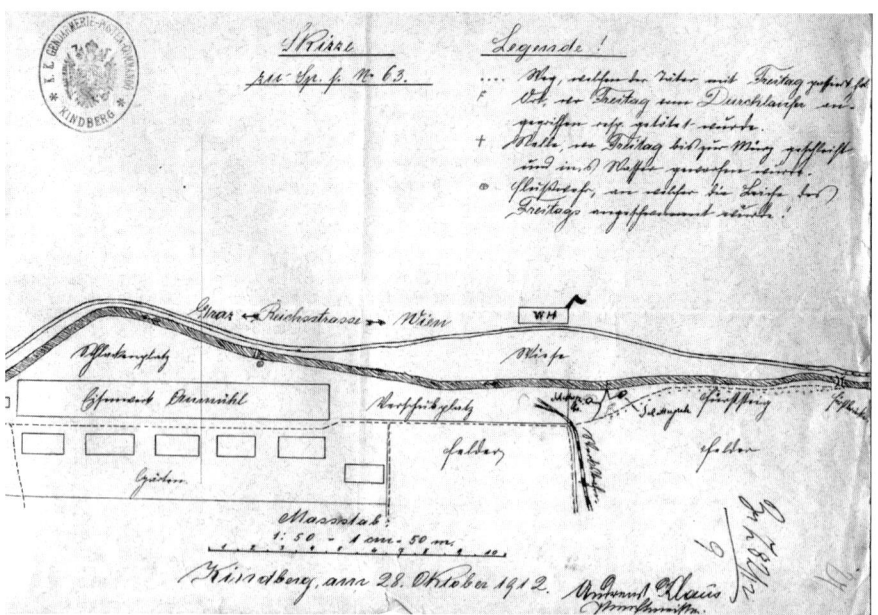

Abb. 12a: Skizze vom Tatort

sich genommen, ebenso einen Fingerring und und eine Kette mit Uhr, die der tote Freitag recht überlegt ja sowieso nicht mehr brauchen konnte.

Abb. 12b: Das Opfer Paul Freitag (Foto Kriminalmuseum)

Dieser Darstellung seiner Tat als im Zorn begangenen Totschlag schenkte die Staatsanwaltschaft Leoben keinen Glauben. In der mit der Aktenzahl St 1656/12/4 versehenen Anklageschrift wirft sie dem Täter zur Last, es gerade auf Barschaft und Wertgegenstände des Paul Freitag abgesehen gehabt zu haben. Durch Befragung von Zeugen hatte sich herausgestellt, dass Freitag im Kaffeehaus des Theodor

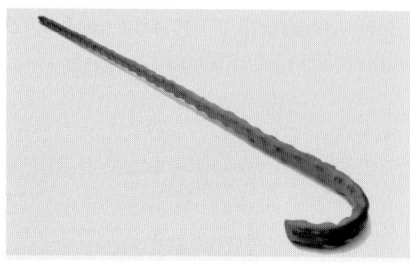

Abb. 12c: Spazierstock, mit dem der Täter auf Paul Freitag einschlug (Foto Jürgen Tremer)

Poschauko in Kindberg damit geprahlt hatte, viel Geld mit sich zu führen. Er hatte zwei 100-Kronen-Noten zur Schau gestellt und darauf verwiesen, dass er noch mehr an Barem eingesteckt hätte, so viel, dass er „nach Wien fahren" könne. Als die Sperrstunde gekommen war, hatte sich Durchlaufer mit den Worten: „Ich gehe mit dir" dem Freitag, der sich auf den Heimweg nach Aumühl machte, angeschlossen. Gegen die Glaubwürdigkeit der vom Täter aufgetischten Geschichte über den Streit um die korrekte Anrede sprechen die Aussagen der im Kaffeehaus anwesenden Zeugen, aus denen hervorgeht, dass sich Durchlaufer und Freitag während ihrer Gespräche am Wirtshaustisch ständig gegenseitig geduzt hatten. Die Triebfeder für die Tat des Durchlaufer dürfte also tatsächlich das Begehren nach dem Geld des Freitag gewesen sein, was aus dem Totschlag einen Raubmord (§§ 134 und 135 Zahl 2 StG) macht. Der Täter legte sich nach Versenkung der Leiche seines Opfers in der Mürz für ein kurzes Schläfchen auf einer Wiese zur Ruhe und ging dann zu seiner etwa eine Dreiviertelstunde von dem Tatort entfernten Wohnung, wo er die vom Blut seines Opfers befleckten Kleider und Schuhe versteckte. Am 27. Oktober 1912 wurde Kilian Durchlaufer in einer Schneiderei festgenommen, als er gerade im Begriffe war, sich vom Geld des Freitag einen Anzug maßschneidern zu lassen.

Kilian Durchlaufer wurde am 8. Jänner 1913 in Leoben von einem Geschworenengericht zum Tod durch den Strang verurteilt, später jedoch begnadigt. Seine Strafe wurde in zwanzig Jahre schweren Kerkers mit einem Fasttag vierteljährlich und Dunkelhaft am 27. Oktober jeden Jahres umgewandelt.

Ch. B.

13. Drei mit einem Schuss

Am 24. November 1912, um sieben Uhr abends saß im Gasthaus des Jože Kresal in Zamesko (Krain, heute Slowenien) eine Gruppe von Lehrern gemütlich beisammen und pflegte der Geselligkeit, als plötzlich vor dem Gasthof ein Schuss fiel. Das Fensterglas zersplitterte, und drei Lehrer wurden von Schrotkörnern verletzt: Marija Kotnik wurde an der Hand verletzt, die Schrote drangen durch die Haut und zerschmetterten die Mittelhandknochen; fünf Projektile trafen den Ulrik Klembas im Bereich der Schultern und des Halses, und Janez Jarkovič wurde an Kopf und Rücken verletzt. Zunächst war unklar, wer den fatalen Schuss in der Dämmerung abgefeuert hatte, es wurden mehrere Personen der Täterschaft verdächtigt. Letztendlich blieb ein begründeter Verdacht nur an dem Besitzerssohn Janez

Abb. 13: Mit einer solchen Doppelflinte schoss am 24. November 1912 der Landwirt Janez Fakin durch das Fenster einer Gaststätte in Zamesko (Krain) auf dort zechende Lehrer (Foto Jürgen Tremer)

Fakin hängen. Dieser leugnete jedoch die Tat, gab widersprüchliche Aussagen zu Protokoll und versuchte, den Verdacht auf andere Personen zu lenken. Dennoch wurde über ihn die Untersuchungshaft verhängt. Nach einer langen und verwickelten Gerichtsverhandlung wurde er schuldig gesprochen, obwohl es keine unmittelbaren Zeugen seiner Täterschaft gab. Tatsächlich sprachen viele Indizien dafür, dass Fakin der Täter war. Besonders belastend war eine im Haus des Fakin gefundene Doppelflinte, aus deren rechtem Lauf lediglich ein einziger Schuss abgefeuert worden war; wäre sie öfter verwendet worden, hätten sich im Lauf stärkere Pulverspuren abgelagert, wie zwei sachverständige Waffenschmiede feststellten. Der Angeklagte verteidigte sich mit der Angabe, einige Tage vor der Tat mit der Flinte auf Spatzen oder eine Eule geschossen zu haben, doch konnten für diese Verantwortung keine Zeugen gefunden werden, obwohl er dies mitten im Dorf getan haben will. Für Fakin als Täter sprach auch, dass auf der Straße in der Nähe seines Hauses eine abgefeuerte Schrotpatrone und Abdrücke seiner Schuhsohlen gefunden worden waren.

Außerdem ergaben die Ermittlungen, dass Janez Fakin am 24. November 1912 um sechs Uhr abends in Begleitung seiner Freunde in das Gasthaus des Jože Kresal gekommen war, in dem schon seit längerer Zeit die später beschossene Lehrergesellschaft beisammensaß. Offensichtlich konnte er dem Beruf des Lehrers keinen Respekt entgegenbringen, denn er blickte finster in die Gaststube und fragte den Wirt: „Was machen denn diese Teufel hier!" Er verlieh seinem Bedürfnis, die Lehrer zu verprügeln, mit Worten Ausdruck, änderte aber dann seine Absicht und ging nach Hause, um seine Doppelflinte zu holen. Er begab sich zurück zum Gasthaus und gab durch ein Fenster einen Schuss in die Gaststube hinein ab, eilte zurück in sein Haus und verließ dann schnell das Dorf, wohl um sich ein Alibi zu verschaffen.

Für die verbrecherische Absicht des Janez Fakin spricht also, dass er bereits vor der Abgabe des Schusses eine gerüttelt Maß an Feindseligkeit gegen die Lehrer geäußert hatte, davon sprach, sie zu verprügeln, und dass in seinem Haus eine als Tatwaffe geeignete Flinte gefunden wurde. Dies brachte ihm auch eine Anklage nach § 36 des Kaiserlichen Patents vom 24. Oktober 1852, RGBl Nr. 223 (Waffenpatent) ein, da er das Gewehr „unbefugt und ohne erwiesene Notwendigkeit, eine drohende Gefahr abzuwehren" besessen hatte.

Außerdem wurde er noch nach § 209 StG (Verleumdung) angeklagt, da er versucht hatte, die Begehung der Tat einer anderen Person zuzuschreiben.

Weiters hat er versucht, ihn belastende Zeugen zu einer Abänderung ihrer Aussagen zu bewegen. Einer Zeugin versprach er sogar eine Geldsumme, falls sie ihre Aussage zu seinen Gunsten ändern würde, was diese auch tatsächlich tat, weshalb beide später wegen Betruges nach §§ 197 und 199 lit. a StG verurteilt wurden.

Die Abgabe des Schusses brachte dem Janez Fakin die Verurteilung wegen des Verbrechens der schweren körperlichen Beschädigung (§§ 152, 155 lit. a und b StG) ein, das Ausmaß der Strafe wurde auf 18 Monate schweren Kerkers, verschärft durch ein hartes Lager und einen Fasttag vierteljährlich festgelegt, und er musste dem Wirt Schadenersatz für das zerschossene Fenster leisten (Vr III 579/12).

Šp. J. / Ch. B.

Abb. 14a: Das abgebrannte Gehöft des Franz Riegler (Foto Kriminalmuseum)

14. Brennende Leidenschaft

In der Nacht vom 20. auf den 21. April 1913 schlich sich die sechsund-
zwanzigjährige Walburga Wöls auf das im Hubersdinggraben, Gemeinde
St. Ilgen im Gerichtsbezirk Aflenz gelegene Anwesen des Franz Riegler
vulgo Haider. Sie begab sich in die im oberen Stockwerk des Stallgebäudes
befindliche Tenne und legte dort Feuer. Aufgrund des windigen und trocke-
nen Wetters verbreitete sich das Feuer blitzschnell, und trotz des Eingrei-
fens der Feuerwehr St. Ilgen lag in kurzer Zeit – mit Ausnahme zweier kleiner Nebengebäude – das gesamte Anwesen in Schutt und Asche. Die
Bewohner des Hofes konnten ihr Leben und nebenbei auch noch das von
13 Hühnern retten; am meisten gefährdet waren eine im unter der Tenne
gelegenen Stall untergebrachte Magd und ein mit ihr dort schlafendes stum-
mes Kind.
Bald war die Täterin ausgeforscht: Schon lange vor der Tat hatte sie kaum
eine Gelegenheit ausgelassen, ihre Absicht kundzutun, die Existenzgrund-

lage der Tochter des Franz Riegler, Anna Riegler, zu vernichten, da diese ihr ihren ehemaligen Lebensgefährten Peter Seiwald, der auch der Vater ihres außerehelichen Kindes war, abspenstig gemacht hätte. Zwar entsprach dies nicht den Tatsachen, Seiwald hatte mit Anna Riegler nichts im Sinn und hatte sich aus anderen Gründen von Walburga Wöls getrennt; die nachmalige Brandstifterin war von ihrer Überzeugung aber nicht abzubringen. Von brennender Eifersucht ergriffen, heckte sie einen Plan aus: „Derart sei sie von Zorn und Eifersucht gegen die Haidertochter erfüllt, auf den Gedanken gekommen, dieser einen ‚Possen zu spielen‘, und sie zu einem armen Mädchen zu machen. Zu diesem Zwecke habe sie schon am Samstag, den 19. April den Beschluß gefaßt, das Gehöft des Franz Riegler, vulgo Haider, des Vaters ihrer Nebenbuhlerin in Brand zu setzen und diese derart mit einem Schlage arm zu machen.“

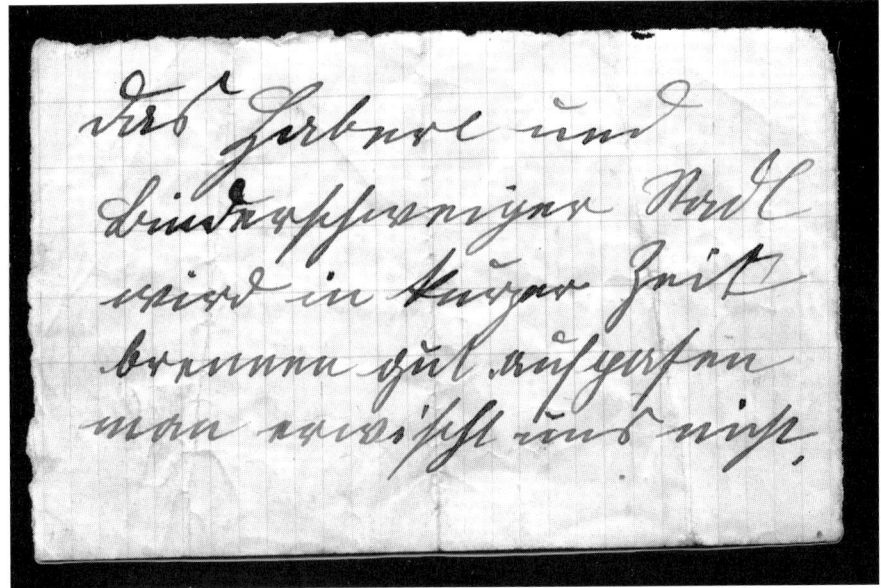

Abb. 14b: Von der Brandstifterin Walburga Wöls verfasster Drohbrief

In der besagten Nacht nun setzte sie ihr Vorhaben in die Tat um, ohne in ihrer rasenden Liebeswut zu bedenken, dass die beabsichtigte „Posse“ leicht den Tod von Menschen zur Folge haben könnte. Die Menschen, die

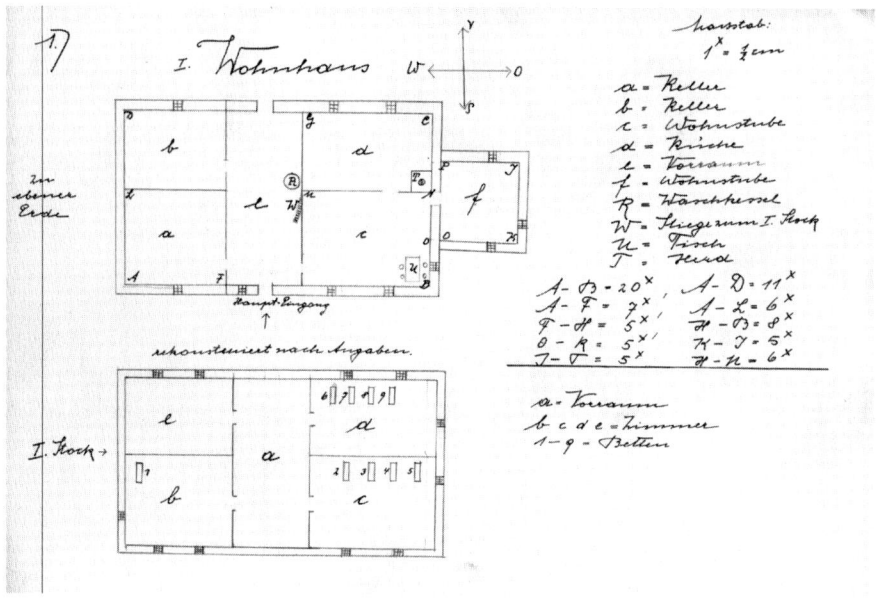

Abb. 14c: Skizze des Wohngebäudes des abgebrannten Gehöfts

mit Walburga Wöls zu tun hatten, schilderten sie als eine Frau, die ihr Verhalten nicht unbedingt stets einer tiefgründigen Reflexion unterzog; im Strafakt St 511/13/2 wird das folgendermaßen formuliert: „Nach der ziemlich übereinstimmenden Schilderung aller Auskunftspersonen ist Walburga Wöls eine ganz gut verwendbare, wenngleich etwas unbeholfene und wenig intelligente Arbeiterin gewesen, der allerdings Jähzorn, Trotz und zeitweilige Arbeitsunlust zum Vorwurfe gemacht werden müsse." Vielleicht waren diese Charaktereigenschaften auch der eigentliche Grund, der ihren früheren Lebensgefährten Peter Seiwald veranlasst hatte, seine Eroberung wieder preiszugeben.

Walburga Wöls wurde wegen des Verbrechens der Brandlegung nach §§ 166, 167 c StG zur Rechenschaft gezogen: 6 Jahre schwerer Kerker sowie 1 Fasttag und 1 hartes Lager vierteljährlich waren ihre Strafe.

Ch. B.

15. Der Reichtum der Neuen Welt

Im Jahre 1913 ermittelten die Polizisten Johann Behringer und Karl Heinecke in einem außergewöhnlichen Fall: Der Privatier Josef Leubner aus Bad Schlag, Bezirk Reichenberg, Böhmen, versuchte, unter Mithilfe mehrerer Graveure und eines Schlossers, die zum Prägen von gefälschten brasilianischen 2000-Réis-Münzen notwendigen Werkzeuge zu beschaffen. Leubner hatte zu Brasilien eine besondere Bindung: Um sein persönliches Glück zu finden, war er 1877 dorthin ausgewandert, seine Pläne scheiterten aber, sodass er 1902 in seine alte Heimat zurückkehren musste. An den Sonnenstrahlen der brasilianischen Fortuna hatte er sich in der Neuen Welt verbrannt; zurück in der Alten Welt, sollte ihm der Balsam südamerikanischen Reichtums die Schmerzen der Glücklosigkeit lindern. Gleich nach seiner Rückkehr setzte er die Produktion von etwa 100.000 gefälschten 400-Réis-Münzen ins Werk, die er in Zementfässern verborgen nach Brasilien verschiffen ließ. Der so erlangte unredliche Gewinn betrug etwa 50.000 Kronen. 1913 konnte Leubner wegen dieser Falschmünzerei nicht mehr belangt werden, da die Tat schon verjährt war. Der Versuch, erneut „der brasilianischen Regierung ein bischen unter die Arme zu greifen", wurde aber rechtzeitig entdeckt.

Abb. 15a: Stanze, mit der die gefälschten brasilianischen Münzen hergestellt werden sollten (Foto Jürgen Tremer)

Leubner und seine Genossen rechtfertigten sich auf besonders originelle Weise: Sie hätten für einen katholischen Geistlichen in Brasilien, Pater Nikolaus aus dem Kloster Rio Grande do Sul, Medaillons zur Verteilung an Kirchenbesucher herstellen wollen. Den Ermittlern in dieser Strafsache fiel die mangelnde innere Schlüssigkeit dieser Argumentation sofort ins Auge: „Es ist von vornherein unerfindlich, warum zu kirchlichen Zwecken dienende Medaillons die Aufschrift enthalten sollten: ‚2000 Réis – XX Gramm schwer', und es bleibt auch unerklärt, warum Leubner auch die Stanze für die Kopfseite der Münze herstellen liess", so steht es in dem Akt St. 146/13/34 des Gerichtes Reichenberg zu lesen.

Dank des Ermittlungseifers und der Scharfsinnigkeit der zuständigen Beamten konnte so die Ausführung eines unerhört frechen Vermögensdeliktes verhindert werden, und das Unglück heftete sich weiterhin an die Fersen des Josef Leubner.

Ch. B.

Abb. 15b: Mit dieser Stanze im Zuge kriminaltechnischer Forschungen am Kriminalmuseum hergestellte Münze und ein Münzenrohling (Foto Jürgen Tremer)

16. Abortus oder Kindsmord?

Im Jahr 1913 wurde die Tagelöhnerin Marija Kalčič aus Zalog wegen Kindsmordes (§ 139 StG) zu drei Jahren schweren Kerkers, verschärft durch einen Fasttag vierteljährlich, verurteilt, da sie am 27. Juni 1913 ihr gerade erst geborenes Kind getötet hatte. Allerdings war es nicht von Anfang an klar, dass es sich um Kindsmord gehandelt hatte.

Zu Beginn der gerichtlichen Ermittlungen gab Kalčič an, sie habe das Kind verloren, da sie am Vortag in einem Weinberg schwer arbeiten habe müssen; durch die einer Hochschwangeren unzuträgliche Arbeit sei es zu einem natürlichen Abgang des Kindes gekommen. Sie erzählte, dass sie ihre tote Leibesfrucht im Keller des Hauses, in dem sie wohnte, begraben habe. Der kleine Leichnam konnte im Keller allerdings nicht gefunden werden. Maria Kalčič fand dafür nur die Erklärung, dass wohl Ratten oder Hunde ihre Leibesfrucht aufgefressen hätten, was den Untersuchungsrichter nicht überzeugen konnte, und so blieb sie in Haft.

Am darauf folgenden Tag erklärte sie sich freiwillig bereit, den tatsächlichen Gang der Ereignisse zu schildern. „Jetzt werde ich die Wahrheit sagen", sprach sie und erzählte, dass sie gerade dabei gewesen wäre, ihr Bett zu machen, als sie plötzlich „Kreuzschmerzen" verspürt habe, und gleich darauf sei das Kind zur Welt gekommen. Dem Neugeborenen habe sie ein Stofftuch in den Mund gedrückt, worauf es erstickt sei. Das tote Kind habe sie im Garten neben der Hausmauer vergraben.

Hierauf wurde ein Lokalaugenschein vorgenommen, und tatsächlich fand sich die Leiche des neugeborenen Kindes. Man teilte der Täterin mit, dass bei der Leichenschau eine getrocknete Zwetschke im Rachen des Kindes gefunden worden war. Kalčič erwiderte darauf: „Jetzt werde ich die ganze Wahrheit sagen" und gab zu Protokoll, dass ihr ihr Wohnungsgeber seine Absicht kundgetan habe, ihr zu kündigen, und sie habe nicht gewusst, wohin sie denn gehen und wie sie ohne Unterkunft für das Kind sorgen solle. Das Kind, so habe sie gedacht, werde ihr bloß im Wege sein. Und so habe sie sich entschieden, sich des Kindes zu entledigen, eine trockene Pflaume genommen, in den Rachen des Kindes gelegt, seinen Kopf mit einem Tuch umwickelt und einen zusammengeknüllten Stofffetzen wie einen Stöpsel in den Mund des Kindes gedrückt, bis es erstickt sei. Sie gestand, das Kind lebend geboren und es erst getötet zu haben, als es schon auf der Welt war.

Inzwischen hatten die Ermittler herausgefunden, dass die vermeintliche ‚Zwetschke' in Wirklichkeit aus zusammengeknüllten Stoffresten bestand; damit konfrontierten sie nun die Kindsmörderin. Diese berief sich auf ihre Aufgeregtheit während ihres Geständnisses und wiederholte den eben geschilderten Tathergang, nur dass sie eben keine Zwetschke, sondern lediglich einen Stofffetzen verwendet habe, um das Kind zu ersticken. Sie wiederholte nochmals, dass sie Angst gehabt habe, ihr Wohnungsgeber würde ihr ein Dach über dem Kopf verweigern, wenn sie das Kind bekomme, sie habe Angst gehabt, das Kind „im Wald" zur Welt bringen zu müssen.

Die 27 Jahre alte Marija Kalčič, die laut Akt nicht lesen und schreiben konnte, war bereits Mutter eines vierjährigen, ledigen Kindes. Als ihr Liebhaber erfuhr, dass sie wiederum schwanger war, wollte er, wie sie sagte, „seine väterlichen Pflichten nicht tragen" und wanderte kurzerhand nach Amerika aus. Auch für das erste Kind der Tagelöhnerin, dessen Vater er war, hat er ihr angeblich nie eine finanzielle Unterstützung zukommen lassen, obwohl er als kräftiger Tagelöhner viel Geld verdient habe. Und so stand Marija Kalčič ganz allein in einer nicht gerade einfachen Situation da. Als das Kind, ein lebensfähiges Mädchen, auf die Welt gekommen war, legte sie es auf die Ofenbank und brachte es auf die oben geschilderte Weise ums Leben. Die Leichenschau ergab, dass der Stofffetzen, mit dem die Täterin ihr Kind erstickt hatte, zwischen der Zungenwurzel und dem weichen Gaumen steckte und bis in die Luftröhre hinabreichte. Die Täterin bestätigte, nach dem Tod des Kindes diesem noch zwanzig Fußtritte versetzt, es in eine alte Schürze gewickelt und dann im Garten begraben zu haben. Als Gründe für ihr Vorgehen nannte sie die „schweren und traurigen Verhältnisse", in denen sie sich befunden habe, und ihre „große Armut".

Šp. J. / Ch. B.

17. Gefährliche Volksmedizin

Die 21 Jahre alte Magd Marija Pavlin aus Šmarjeta im damals zu Österreich-Ungarn gehörenden Krain (heute Slowenien) befand sich im Jahre 1913 in einer verzweifelten Situation. Zwar konnte die ledige Frau „lesen und schreiben", wie in der Anklageschrift Vr III 381/13/12 als scheinbar nicht alltäglich vermerkt ist, jedoch fiel ihr ihr zweijähriges Kind zur Last.

Diese Frucht einer früheren Liebe war unehelich gezeugt worden, und dieses Umstandes schämte sich Marija Pavlin, die überhaupt der Auffassung war, dass das Vorhandensein des Kindes ihr Leben mühselig gestaltete. Nun bemerkte sie aber, dass eine Verdoppelung dieser Belastung drohte, war sie doch wieder schwanger geworden. Dem Vater des zweiten Kindes, Peter Tomažič, der bei einem Fleischer als Gehilfe arbeitete, erzählte sie nichts von ihrer Schwangerschaft. Sie entsann sich eines volksmedizinischen Mittels, das ihr ihre Freundin Jožefa Tramta für den Fall gegeben hatte, „daß nocheinmal etwas passiert". Es handelte sich dabei um so genannte „lopatka", einen aus den verletzten Blättern der Aloe-Pflanze

Abb. 17a: Glas mit Stücken von Aloe oder „lopatka", einem in früheren Zeiten häufig verwendeten Abtreibungsmittel (Foto Jürgen Tremer)

gewonnenen Saft, der, wenn man ihn entsprechend behandelt, mit der Zeit zäh wird und erstarrt. Löst man diese Substanz dann in warmem Wasser oder in Alkohol, erhält man ein Mittel, das in der Volksmedizin als Abführ- oder Abtreibungspräparat Verwendung fand. Eine Dosis von 0,5-1 Gramm ist effektiv, sie verursacht Blutungen im Unterleib; 7-10 Gramm wirken tödlich, obwohl die Wirkung je nach Konstitution des damit Behandelten unter-

Abb. 17b: Giftschrank des alten Kriminalmuseums (Foto Kriminalmuseum)

schiedlich ist. Jožefa Tramta gab später an, sie habe vor Jahren dieses Mittel von einer ihr nicht näher bekannten Bettlerin erhalten.
Marija Pavlin löste nun eines Abends ein nussgroßes Stück Aloe in kaltem Wasser und trank dieses. Die Magd hatte Glück, denn hätte sie die „lopatka" in warmem Wasser gelöst, so wäre sie wahrscheinlich an der viel zu hohen Dosis gestorben, da sich dieses Mittel in warmem Wasser viel besser auf-

löst als in kaltem. Die Wirkung stellte sich rasch ein, während der nächsten vierzehn Tage litt sie immer wieder unter Blutungen aus der Gebärmutter. Sie arbeitete in einem Weinberg, wo sie schwere, mit Trauben gefüllte Körbe heben musste. Von diesen Trauben aß sie auch. Die Weintrauben taten ihre abführende Wirkung, und so begab sie sich am Abend auf die Toilette (ein einfaches ‚Plumpsklo'), wo sie das Kind verlor. Sie ließ den toten Fötus im Plumpsklo liegen, um ihn erst am nächsten Morgen zu beseitigen. Am nächsten Tag aber fand die Dienstgeberin Ana Tratnik ihre Magd so entkräftet und schwach im Bett liegend vor, dass sie nicht aufstehen konnte. Ana Tratnik hatte Marija Pavlin schon dabei beobachtet, wie sie die in Wasser gelöste Aloe trank; nun entließ sie die Magd und erstattete bei der Gendarmerie Anzeige.

Bei ihrer Einvernahme gab Marija Pavlin zu, Aloe eingenommen zu haben; sie gab an, dass sie sich schuldig fühle und ihre Tat bereue. Über die Gründe ihres Verhaltens befragt, sagte sie, sie hätte nicht gewusst, wie sie auch noch für ein zweites Kind sorgen hätte können, außerdem habe sie Angst vor schlechten Nachreden gehabt. Es stellte sich die Frage, ob der Verlust des Kindes auf die Einnahme der Aloe zurückzuführen war oder durch die schwere körperliche Arbeit im Weinberg verursacht wurde. Der 20 cm lange und 125 Gramm schwere weibliche Fötus wurde sachverständigen Gutachtern zur Untersuchung und Klärung dieser Frage übergeben. Sie stellten fest, dass allein die Einnahme des Abtreibungsmittels den Abgang der Leibesfrucht verursacht hatte und damit der Straftatbestand der Abtreibung erfüllt war.

Marija Pavlin wurde von der Staatsanwaltschaft Rudolfswert (Novo mesto) – auch auf dem Territorium des heutigen Slowenien galt damals das österreichische Strafgesetzbuch – nach § 144 StG der Abtreibung der eigenen Leibesfrucht angeklagt; die Strafandrohung für dieses Verbrechen betrug nach § 145 StG ein bis fünf Jahre. Das Gericht machte jedoch das einwandfreie Geständnis und die schwierige finanzielle Situation der Angeklagten als Milderungsgründe geltend und verurteilte unter Berufung auf §§ 54 und 55 StG die Täterin zu sechs Wochen schweren Kerkers, verschärft durch einen Fasttag und ein hartes Lager an jedem vierzehnten Tag.

Šp. J. / Ch. B.

18. „...nahm von dem Knaben mit einem Kuße Abschied..."

„Am 23. November 1913, ungefähr 8 Uhr Morgens wurde am Rechen des Werkskanals der Kindberger-Sensenwerks-Aktien-Gesellschaft in Kindberg eine vollständig bekleidete Knabenleiche aufgefunden. Die gerichtsärztliche Obduktion ergab, daß das Kind – anscheinend 6 Jahre alt – männlichen Geschlechtes, körperlich gut entwickelt war, daß der Körper des Kindes keinerlei Verletzungen aufwies, daß der Knabe im lebenden Zustand ins Wasser kam und darin ertrunken ist, und, daß die Leiche ungefähr zehn Stunden im Wasser gelegen haben dürfte."

Mit diesen Sätzen beginnt die Begründung der Anklageschrift St 1686/13/4 der Staatsanwaltschaft Leoben gegen die verwitwete Wäscherin Anna Bachhofer, welche am 25. November in ihrer Wohnung verhaftet worden war. Die Aussagen von Zeugen hatten die Gendarmerie auf die Spur dieser Frau geführt, die behauptete, sie hätte ihr Kind ertränkt, da sie verzweifelt über ihre wirtschaftliche Notlage gewesen sei.

In der Anklageschrift versucht nun die Staatsanwaltschaft, der Angeklagten nachzuweisen, dass andere, sittlich verwerfliche Motive sie zu diesem Verbrechen getrieben hätten. Zu diesem Zweck wurde das Privatleben der Kindsmörderin gründlich ‚erforscht', es wurde konstatiert, dass sie eine miserable, ihren Mann laufend betrügende Ehefrau gewesen sei, die ihren Gatten letztendlich in den Freitod getrieben habe, dass sie in ihrer Lebens- und Genusssucht mit Geld nicht vernünftig umgehen könne und daher ständig versuche, solches aufzutreiben, nur um es gleich wieder an ihre Liebhaber zu verschenken. Als Rabenmutter habe sie drei ihrer vier Kinder freudig aus der ihren in die Obhut fremder Leute gegeben, und in dem letzten ihr verbleibenden Sohn, Josef, hätte sie nicht viel mehr gesehen als ein Hindernis bei der von ihr angestrebten Eheschließung mit einem viel jüngeren Mann, von der sie sich eine Verbesserung ihrer Lebensumstände erwartet habe. All das fasst die Anklageschrift kurz so zusammen:

„Bestimmend für den Beschluß der Anna Bachhofer sich des Kindes Josef zu entledigen, war der Widerwille gegen ihr armselig ausgestattetes Heim, und das sie drückende Bewußtsein, daß sie sich ‚Nichts vergönnen' könne und wol auch – der ‚Trieb zum Manne' – und ihre ‚Heiratslust'."

Beim Lesen dieser Anklageschrift kann man erstaunt feststellen, mit welchem Eifer nicht nur juristisch relevante Fakten erhoben, sondern auch vernichtende Werturteile über Person und Charakter der Straftäterin gefällt

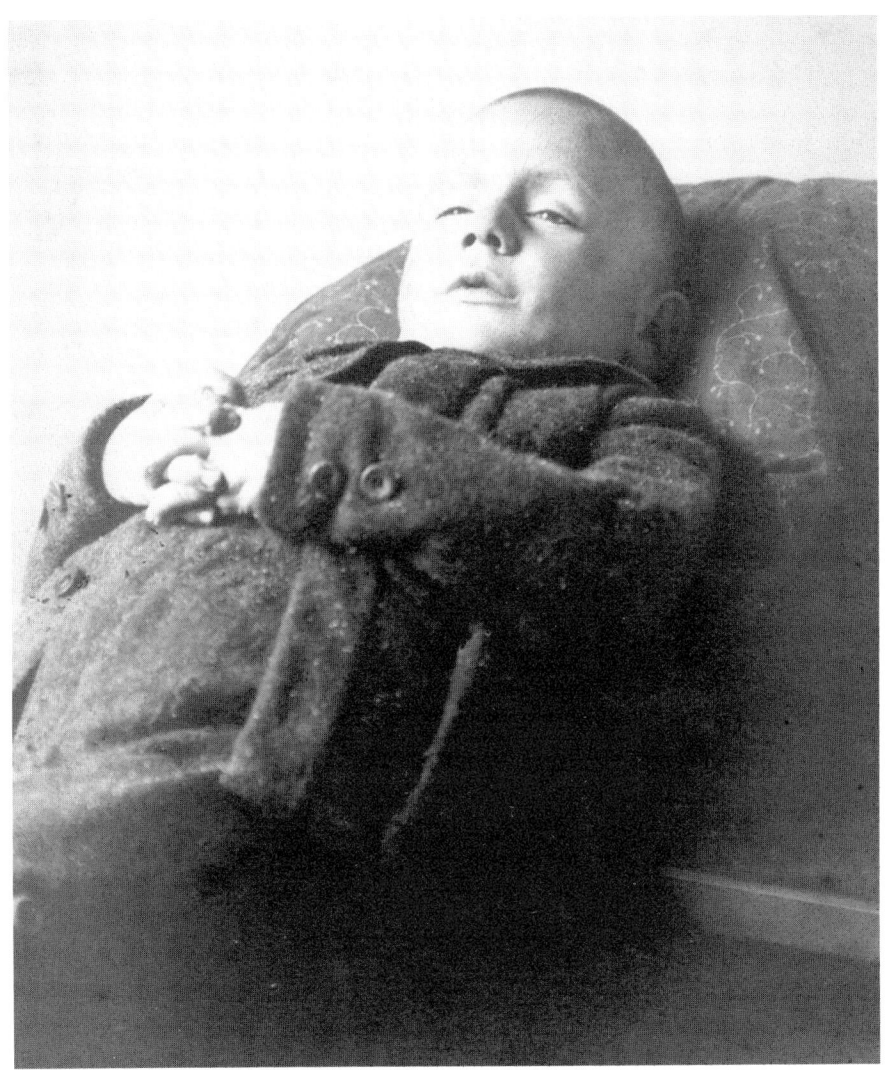

Abb. 18a: Der von seiner Mutter ertränkte Josef Bachhofer (Foto Kriminalmuseum)

wurden. Der Tathergang konnte schnell rekonstruiert werden: Am 22. November 1913 fuhr die Täterin mit ihrem Sohn, dem Opfer, von Baden bei Wien, wo sie Wohn- und Arbeitsplatz hatte, nach Kindberg in der Steiermark, suchte einen geeigneten Ort für den geplanten Mord und entschied

Abb. 18b: Der Tatort (Foto Kriminalmuseum)

sich schließlich für die Brücke, die über den Werkskanal der Kindberger-Sensenwerks-AG führte. Was dort geschah, schildert die Anklageschrift folgendermaßen:

„Sie betrat die Brücke, nahm von dem Knaben, der klagte, daß er sich in der Finsternis fürchte – mit einem Kuße Abschied, schob ihn, das Gesicht des Knaben von ihr abgewandt, unter dem Brückengeländer durch, und ließ ihn – mit den Füßen voraus – ins Wasser gleiten, in dem der Knabe mit einem leisen Schrei, sofort ertrank. Anna Bachhofer hörte noch ein leises Plätschern im Wasser, sah noch einige zuckende Bewegungen der Arme und Hände ihres Kindes – und – begab sich nach dem Bahnhofe Kindberg, wo sie im Wartesaal den Stationsarbeiter Clement Fladl frug, wann der nächste Zug nach Baden abgehe."

So musste ein junges Leben enden, weil sich eine – aus welchen Gründen auch immer – äußerst lieblos handelnde Mutter eingeredet hatte, dass sie ohne das letzte ihr verbliebene Kind einer glücklicheren Zukunft entgegen gehen könne...

Ch. B.

19. Eifersuchtsmord in Bruck/Mur

Der 1884 geborene Hilfsarbeiter Ludwig Pinzolitsch lebte seit November 1912 mit Aloisia Reisner, der Mutter eines 7-jährigen außerehelichen Sohnes, in einer Wohnung in Bruck a. M. in Lebensgemeinschaft. Im Laufe weniger Monate kam es zwischen dem Paar zu starken Spannungen. Pinzolitsch machte der jungen Frau unter anderem Vorhaltungen, dass er für ihr Kind keine Alimente bekomme – den kleinen Alimentationsbetrag des Kindsvaters behielt nämlich der Vater der Aloisia Reisner und Großvater des Kindes für sich, da Pinzolitsch anfangs versprochen hatte, für den Knaben ohne finanzielle Abgeltung zu sorgen. Zu diesem Großvater schob Pinzolitsch den Jungen im März 1913 ab und schickte Anfang Juli 1913 im Zwist auch die junge Frau zu ihren Eltern zurück. Als er sie eine Woche später in der Wohnung ihrer Schwester anflehte, sie möge doch wieder zu ihm zurückkehren, verhielt sich Aloisia Reisner sehr abweisend, hatte sie doch Angst vor ihm, weil er ihr unter Ausstoßung von Drohungen nachgestellt

Abb. 19a: Der Tatort am Fuß des Brucker Schlossberges (Foto Kriminalmuseum)

hatte. Zur Schwester der Aloisia hatte er gesagt: „Du Mitzl die Waffe brauch ich heute noch." Auch in der Folgezeit bedrängte er die junge Frau und ebenso ihre Schwester und deren Ehemann, sodass er von dem Ehepaar mit Wohnungsverbot belegt wurde. Auch am 29. September 1913 lauerte er der ehemaligen Geliebten auf. Als sie gerade den außerhalb der Wohnung liegenden Abort verließ, zielte Pinzolitsch mit einer kleinkalibrigen Faustfeuerwaffe wortlos auf Aloisia Reisner und traf ihren Unterschenkel. Als die Schwester zur Hilfe eilte, wollte er auch auf diese schießen, traf aber nochmals Aloisia, nun in der Gegend des linken Schlüsselbeines. Dieser zweite Schuss war laut gerichtsmedizinischem Gutachten absolut tödlich.

Bei der Zeugenvernehmung gab die Schwester der Ermordeten an, dass Pinzolitsch keinen Grund zur Eifersucht gehabt habe. „Es ist ja richtig, daß mein Mann in neckischer Absicht die Schwester auch vor mir betastete z.B. an der Brust, dies tat aber auch Pinzolitsch bei mir und kann daraus gewiß nicht auf weitere Unsittlichkeit geschlossen werden."

Kurioses Zitat aus dem Augenschein- und Sachverständigenbefund (Kreisgericht Leoben Vr VIII (III?) 483/13): „Nach Konstatierung durch den Gerichtsarzt fühlt sich Aloisia Reisner noch etwas warm an, ist aber bereits eine Leiche."

Ludwig Pinzolitsch verstarb, noch bevor die Anklage erhoben wurde, in der Untersuchungshaft an Tuberkulose.

I. G.

Abb. 19b (rechts): Mord aus Eifersucht an Aloisia Reisner, 1913 (Foto Kriminalmuseum)

73

20. Ein schwarzer Witwer

Am Morgen des 24. Februar 1914 verließ der arbeitslose Taglöhner Josef Schwarz, aus Mähren stammend und Staatsbürger Österreich–Ungarns, die Wohnung seiner Lebensgefährtin Marie Häusler in Harburg an der Elbe, Provinz Hannover, Deutsches Reich. Einer durch laute Geräusche neugierig gewordenen Nachbarin erklärte er gelassen: „Immer macht sie Krach und dann sagt sie ich fange an."
Wer auch immer den Streit zwischen den beiden begonnen haben mochte, klar ist, wer ihn konsequent beendete. In der Wohnung der Häusler wurde bald darauf die mit einer Hacke furchtbar zugerichtete Leiche derselben aufgefunden.
Josef Schwarz, der selbst verwitwet war, hatte ein Faible für Witwen und eine fatale Neigung zur Gewalttätigkeit. Bereits 1910 hatte er einer mit ihm zusammen wohnenden Witwe in Weißwasser, Mähren, mehrere Messerstiche in den Kopf und in die Hände zugefügt; um für diese Tat nicht zur Rechtfertigung gezogen zu werden, flüchtete er nach Deutschland, nach Harburg an der Elbe, wo er die Witwe Marie Häusler kennen lernte, bei der er alsbald einzog. Jedoch, auch ihr gegenüber konnte er seine Gewaltbereitschaft nicht im Zaum halten, er schlug ihren Kopf mehrmals heftig auf den Fußboden, „sodaß sie blutete und eine leichte körperliche Beschädigung erlitt", wie die Anklageschrift Vr X. 274/14 der Staatsanwaltschaft am Kreisgericht Olmütz konstatiert.
Nun musste Schwarz sein Exil verlassen, er kehrte notgedrungen nach Mährisch Weißwasser zurück, wo er in Haft genommen und zu 13 Monaten schweren Kerkers, „verschärft mit einer Faste monatlich", verurteilt wurde. Nach Abbüßung der Haft kehrte Schwarz, da er sich in Mähren offensichtlich nicht mehr heimisch fühlte, nach Deutschland zurück. In Harburg wohnte er wieder bei Marie Häusler, die sein früheres Vergehen zur Anzeige gebracht hatte, weshalb er zu 20 Reichsmark, bei Uneinbringlichkeit derselben zu 4 Tagen Gefängnis verurteilt wurde. Obwohl die Streitereien kein Ende nahmen, lebten die beiden weiterhin zusammen; die Nachbarn wurden – dank der Enge der Wohnverhältnisse – immer öfter Zeugen lautstarker Auseinandersetzungen, und am 24. Februar 1914 hörten sie den letzten Akt dieses Dramas mit an, glaubten aber ob der Heftigkeit der ihnen zu Ohren kommenden Schläge, Schwarz zerschlage mit einer Axt die Möbel in Häuslers Wohnung. In Wahrheit hieb er sowohl mit der Schneide als auch

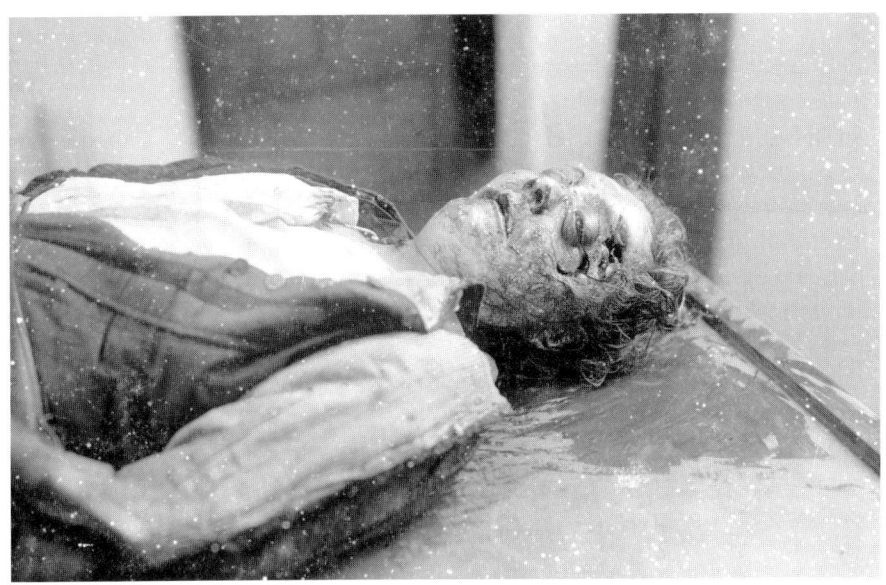

Abb. 20a: Das Opfer Marie Häusler (Foto Kriminalmuseum)
Abb. 20b: Das Opfer, wie es in der Wohnung vorgefunden wurde (Foto Kriminalmuseum)

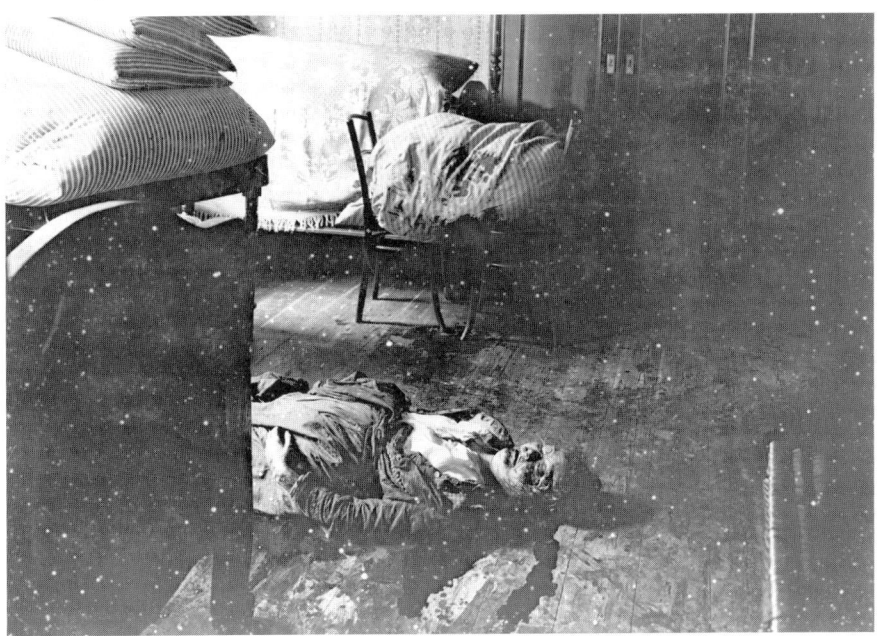

mit der stumpfen Seite einer Hacke mehrmals auf Rumpf und Kopf seiner Lebensgefährtin ein; jeder einzelne der mindestens 7 Schläge wäre nach gerichtsärztlichem Befund tödlich gewesen.

Der Täter rechtfertigte sich dadurch, dass er durch das Verhalten seines Opfers „so aufgeregt gewesen" sei. In dem in Olmütz stattfindenden Strafprozess wurde Josef Schwarz am 15. Juni 1914 von den Geschworenen des Mordes schuldig befunden und zum Tod durch den Strang verurteilt.

Nun, ein frauenfeindlicher Misanthrop täte gut daran, seinen Hang zur Gewaltanwendung unter Kontrolle zu bringen; oder aber menschliche Gesellschaft zu meiden.

Ch. B.

21. Todesurteil

Im Juni 1915, der Erste Weltkrieg war in vollem Gange, versuchte der zum k.k. Infanterie-Regiment 97 eingezogene Landsturmmann Christian Rijavitz, sich durch Abhacken des rechten Zeigefingers dem Militärdienst zu entziehen. Am 7. Juni, acht Tage vor dieser Selbstverstümmelung, war das Standrecht verkündet worden, demgemäß der am Krieg keinen Gefallen findende Rijavitz zum Tod durch Erschießen verurteilt wurde.

Abschrift

Gericht beim k. u. k. Militärkommando Graz I.

K 451/15

14

Im Namen seiner Majestät des Kaisers!

Das k.k. Landwehrfeldkriegsgericht beim k. u. k. Militärkommando Graz I als erkennendes Standgericht in Graz hat nach der von 28. Juni 1915 unter dem Vorsitze des k. u. k. Obstlt. in R. Otto Freiherr Jordis von Lohausen und der Leitung des k.k. Obltand. Dr. Karl Issleib in Anwesenheit des Einj. Freiw. jur. Joseph Poslavozky als Schriftführers, des k.k. Obltand. Dr. Ludwig Schuster als Anklägers, des Angeklagten

Christian Rijavitz

und des k.k. Obltand. Dr. Herb. Morisch Edl. von Morenau als Verteidiger durchgeführten Hauptverhandlung über das gegen Christian Rijavitz geb. Wien 8. IX. 1894 zust. Triest röm. kat. ledig, Sohn der Josefine Kesselschmied, Lst. des k. u. k. I. R. 97, zuletzt in Garnison in Unter-Krapping, vorbestraft, wegen Verbrechens der Selbsbeschädigung nach § 293 M.St.G. am 23. Juni 1915 G.Z. K 1157/15/ 1 angeordnete Standrechtsverfahren und dem vom Ankläger gestellten Antrag auf Schuldspruch und Bestrafung wegen Verbr. n. § 293 M.St.G. zu Recht erkannt.

Der Angeklagte

Christian Rijavitz

ist schuldig:

er habe am 15. Juni 1915 in Unter-Krapping nach dem auf die Kriegsartikel abgelegten Militärdiensteide sich absichtlich mittelst einer Holzhacke den rechten Zeigefinger bis zur Mitte des Mittelgliedes abgehakt, somit durch Verstümmelung seines Körpers zum Militärdienste sich untaug(lich zu) machen und dadurch seine Entlassung zu bewirken getrachtet; er habe hiedurch das Verbrechen der Selbstbeschädigung nach § 293 M.St.G. begangen und wird hiefür infolge der Standrechtskundmachung ad Militärkommandobefehl No. 99 vom 27. Mai 1915 Präs. 13.100 gem. § 444 M.St.P.O. zur Strafe

des Todes durch Erschiessen

verurteilt.

Begründung.

Am 15. Juni 1915 zirka 12 h 30 min. kam nach den Erhebungen der Angeklagte aus seiner Ubikation in Unter-Krapping, wohin er sich allein zurückgezogen hatte, Hilfe rufend heraus und zeigte seine rechte Hand an welcher der Zeigefinger vom Mittelgliede ab weggehackt war.

Es fanden sich in der Ubikation des Angeklagten auf einem Holzklotze eine Hacke und die Hälfte des ersten Zeigefinger-Gliedes und daneben im Stroh die zweite Hälfte des ersten Zeigefinger-Gliedes und die erste Hälfte des Zeigefingermittelgliedes, jedes Stück quer glatt abgeschlagen, vor.

Der sofort zur Verantwortung gezogene Angeklagte gab damals ebenso wie im Erhebungsstadium und bei der heutigen Hauptverhandlung an, daß er sich ein Stück Holz mit der Hacke zuspitzen wollte, um es in der Wand seiner Ubikation als Stütze für ein anzubringendes Wandbrett zu benützen. Hiebei habe er das Holzstück, einen Ast von etwa 35 cm Länge und zirka 3 1/2 cm Durchmesser in der Mitte mit Daumen und Zeigefinger der rechten Hand ziemlich lose gehalten, während er mit der Hacke in der linken Hand zuspitzende Schläge auf das senkrecht auf den Holzpflock aufgestemmte Astende geführt habe. Hiebei sei plötzlich durch einen Fehlschlag der Hacke ein Stück seines Zeigefingers abgetrennt worden, worauf ihn infolge des heftigen Schmerzes schwarz vor den Augen geworden sei und er einen Moment das Bewußtsein verloren habe.

In diesem Momente vermute er, mechanisch weiter geschlagen zu haben, sodaß er sich noch 2 Stücke des Fingers abhackte.

Der Angeklagte, ein schwächlich gebauter unterernährter und etwa 17jährig aussehender Bursche, gibt weiters an, daß er seine Kindheit im Elternhause in Triest verlebt und dortselbst 4 Volks und 3 Bürgerschulklassen als Durchschnittsschüler absolviert und sodann im Llyod (!) Arsenal, im Stabilimento technico San Rocco und für die Austrio Americana Schiffsbau gear-

Abb. 21: Die Hacke, mit der Christian Rijavitz sich den rechten Zeigefinger abhackte, um wehrdienstunfähig zu werden, sowie die drei abgetrennten Stücke des Zeigefingers (Foto Jürgen Tremer)

beitet habe und sich bei dieser Arbeit angewöhnt habe, die Linke ebenso wie die Rechte zu verwenden.

Er sei kein ausgesprochener Linkshänder. Er habe sich nie politisch betätigt, wenig Zeitungen gelesen, sei stets ein guter Patriot gewesen, und wäre gerne freiwillig eingerückt; doch sei er bei der Musterung im Oktober 1914 glaublich wegen Schwäche für untauglich erklärt worden und sei erst bei der Nachmusterung im Mai 1915 behalten worden, am 5. Juni 1915 zum k. u. k. I. R. 97 nach Unter-Krapping eingerückt, wo es ihm ganz gut gefallen habe, nur habe er Heimweh nach dem Elternhause gehabt.

Der Standrechtskundmachung habe er am 7. Juni 1915 beigewohnt, jedoch den Stabsfeldwebel Josef Laurenčič, der die Kundmachung in italienischer Sprache bewirkte, nicht ganz verstanden, insbesondere habe er von dem Standrechte für Selbstbeschädigung nicht gehört.

Dieser Verantwortung des Angeklagten kann in allen wesentlichen Punkten kein Glaube beigemessen werden.

Durch die Aussage des Zeugen Josef Laurenčič in Verbindung mit der Aussage der Zeugen Franz Ferluga, Rudolf Lantscher und Benedict Gerbetz ist erwiesen, daß Stabsfeldwebel Laurenčič in verständlicher italienischer Sprache das Standrecht erläuterte und hiebei auch die Selbstbeschädigung erwähnte, wobei übrigens zu bemerken ist, daß die am 6. 6. 1915 erfolgte dem Reglement und der Militärstrafprozessordnung entsprechende Kundmachung des Standrechtes beim I. R. 97 in Unter-Krapping als formelle Voraussetzung genügt, da es Sache des Angeklagten war sich darum zu kümmern, was verlautbart worden ist.

Durch die Aussage des Zeugen Anton Ločevar ist erwiesen, daß der Angeklagte am 13. Juni 1915 sich äußerte, er wolle nicht exerzieren, weil er krank sei.

Durch die Aussage des Karl Czernowitz ist erwiesen, daß der Angeklagte in der Früh des 15. Juni 1915 sich äußerte, „heute gehe er noch exerzieren, morgen aber nicht mehr."

Aus beiden Äußerungen ergibt sich die Unlust des Angeklagten zum Militärdienste, aus der zweiten auch, daß er irgendein bestimmtes Vorhaben faßte, um dieses Entziehen schon gleich am 15. Juni 1915 ins Werk zu setzen.

Durch die Aussagen der Zeugen Franz Mikolin und Zyrill Lipovš ist erwiesen, daß von den abgehackten Fingerstücken das Endstück auf dem Klotze lag, während die zwei Mittelstücke im Stroh neben dem Klotze ziemlich tief, anscheinend versteckt, vorgefunden wurden.

Die Darstellung des Angeklagten über das Zuspitzen des Holzes entspricht keinesfalls der erfahrungsgemäßen Art derartiger Hantierung, da ein zuzuspitzendes Holzstück mit vollem Griff u. am oberen Ende erfaßt u. sehr schräg gehalten wird und außerdem ein nicht ausgesprochener Linkshänder immer die rechte Hand beim Halten einer Hacke benützt.

Aus dem Augenschein und dem Gutachten des Gerichtsarztes ergibt sich, daß die 3 Trennstücke des Fingers alle quer glatt durchgeschlagen sind, was nur möglich ist wenn der Finger auf fester Unterlage ruhend, unter Anwendung von Gewalt mit einer Hacke durchgeschlagen wird, was in der vom Angeklagten behaupteten losen Haltung unmöglich wäre.

Das Zerstückeln des Fingers in 3 Trennteile spricht laut Sachverständigen-Gutachten zweifellos dafür, daß zuerst das Endstück offenbar durch Zurückzucken dann ebenso das Mittelstück und endlich das letzte Stück nacheinanderfolgend abgetrennt wurden.

Auf Grund aller dieser Beweise hat das Standgericht als erwiesen angenommen, daß der Angeklagte absichtlich sich seines Zeigefingers entledigt
hat und kann bei der Wichtigkeit dieses Gliedes kein Zweifel darüber obwal-
ten, daß der Angeklagte durch seine Tat beabsichtigte, sich zum Militärdienste untauglich zu machen und dadurch seine Entlassung zu bewirken,
wobei das Motiv sei es nur Unlust zum Dienste, Feigheit oder Sehnsucht
nach der Heimat nicht weiter in Betracht kommt.

Hiedurch erscheint der Tatbestand des Verbrechens der Selbstbeschädigung nach § 293 M.St.G. in subjektiver und objektiver Richtung erwiesen,
und der Schuldspruch gerechtfertigt.

Da die Standrechtskundmachung ad Militärkommandobefehl No. 99 vom
27./V. 15 Präs. No. 13. 100 unter Punkt 23 für das Verbrechen der Selbstbeschädigung u. § 293 M.St.G. die standrechtliche Unterstellung gegenüber
allen aktiven Militärpersonen verfügt war gem. § 444 M.St.P.O. bei dessen
objektiven Voraussetzungen die Strafe des Todes durch Erschießen zu ver-
hängen.

Graz, am 28. Juni 1915.

Der Schriftführer: Der Verhandlungsleiter:
Einj. Freiw.jur. Joseph   Dr. Issleib m.p.
Poszlavszky m.p.   Obltand.

Ch. B.

22. „...und den sonntäglichen Kirchgang regelmäßig mied."

Philipp Maier, 18 Jahre alt, Michael Quineser, 17, und Ernst Goldschmied, 15, waren nicht nur alle drei beim gleichen Bauern, Pongratz Körbler, dem Großvater des Ernst Goldschmied, in Dürnstein, Bezirk Neumarkt (Stmk.) als Knechte im Dienst und somit Arbeitskollegen, sie waren auch Freunde, zusammengeschweißt vor allem durch eine erkleckliche Anzahl von kleineren und auch recht beachtlichen Diebstählen, die sie im Laufe dreier Jahre gemeinsam begangen hatten. Unter anderem stahlen sie ihrem Dienstgeber, Pongratz Körbler, in einem Nebengebäude seines Anwesens verwahrte Wertgegenstände und Geld in solchem Ausmaß, dass sie, in der Angst, ihre Untaten könnten entdeckt werden, dieses Nebengebäude in Brand steckten, um alle Spuren zu verwischen. Dabei gefährdeten sie das Leben einer in dem Gebäude wohnenden Frau.

Die drei Burschen waren ihrer Umgebung schon als rüde und leicht reizbar aufgefallen. So stellte die Staatsanwaltschaft Leoben in der Anklageschrift St 49/17/7 zur Persönlichkeit des Philipp Maier fest: „Philipp Maier zeigte sich schon in seiner Jugend streitsüchtig, roh, widerspenstig und ungehorsam. Auch wird er als leichtsinnig, hinterlistig und unverläßlich geschildert. Trotzdem genoß er bis zum Sommer 1916 im Allgemeinen keinen schlechten Leumund. Von da an fiel es aber seiner Umgebung auf, daß er in den Nächten umherstrich, gern Gasthäuser besuchte und den sonntäglichen Kirchgang regelmäßig mied. Er lebte seit dieser Zeit über seine Verhältnisse und zwar eben mit dem aus den Diebstählen ihm zufließenden Gelde. Bezeichnend ist, daß Philipp Maier im Winter 1915/1916 einmal die Drohung aussprach, seinen damaligen Dienstgeber Dr. Sperl in dessen eigener Jagdhütte einzusperren und die Hütte hierauf anzuzünden."

Einmal auf die schiefe Bahn geraten, gewöhnten sich die Burschen an ein recht kostenintensives Wohlleben, zu dessen Führung sie immer mehr Geld benötigten. Philipp Maier trug sich schon längere Zeit mit dem Gedanken, einen seiner früheren Dienstgeber, Friedrich Stengg, zu berauben, da er wusste, dass dieser einiges Bargeld in seinem Wohnhaus aufbewahrt hatte. Am 6. Jänner 1917 veranstalteten Philipp Maier und Michael Quineser eine Zechtour durch etliche Wirtshäuser in Bad Einöd, Neumarkt und Umgebung; den ganzen Tag über feilten sie an Maiers Plan, das Geld des Stengg an sich zu bringen, und sie kamen überein, noch diese Nacht in das in Perchau gelegene Wohngebäude des Stengg einzusteigen, wenn es sein musste, auch um den Preis, an einem eventuell Dazwischentretenden einen Mord zu begehen. Sie marschierten zu dem besagten Bauernhof, warteten, bis im Haus die Lichter verloschen, und versuchten dann, ins Dach eine Öffnung zu brechen, was sie aber wegen zu großer Lärm-

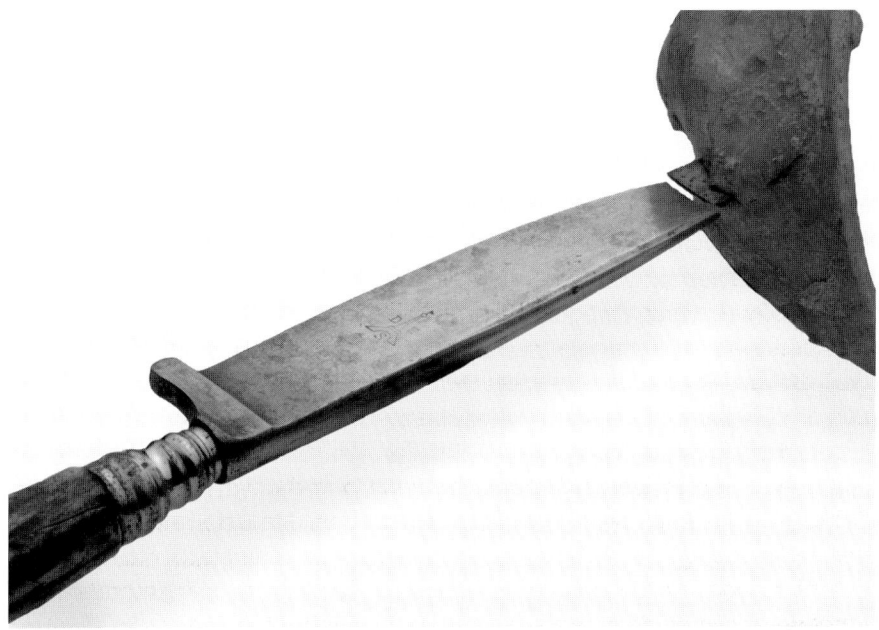

Abb. 22: Ein Stück der Schädeldecke des Friedrich Stengg und das Jagdmesser, mit dem auf ihn eingestochen wurde; die Spitze des Messers steckt noch immer in der Schädeldecke (Foto Jürgen Tremer)

entwicklung bald aufgaben. Maier kannte aber noch aus seiner Dienstzeit hier das Zimmer der Magd Elisabeth Gassner; an deren Fenster warf er Sand, um sie zu wecken. Gassner erkannte Maier sogleich, ließ ihn ins Haus ein und bewirtete ihn mit einer Jause. Maier begehrte, hier übernachten zu dürfen. Gassner hielt Rücksprache mit dem Bauern Friedrich Stengg, der dem Maier einen Schlafplatz im Stall anwies. Als Gassner nun die Küche verließ, wollte Maier sie mit seinem Knicker niederstechen, bekam aber Skrupel. Da bemerkte er jedoch seinen Kompagnon Quineser, der beim Stubenfenster hereinblickte, und „da fiel ihm ein, daß ihn Quineser schon vorher gehänselt hatte, er werde zu feige sein, um die Mordtat auszuführen – und diese Eitelkeitserwägung gab den Ausschlag". Und so krönte Philipp Maier seine kriminelle Laufbahn mit einem wahren Blutbad: zweiundzwanzigmal stach er auf Elisabeth Gassner ein. Zu Tode getroffen, schleppte sich diese mit ihren letzten Kräften in den ersten Stock hinauf, ins Schlafzimmer ihrer Dienstgeber, wo sie leblos zusammenbrach. Maier folgte ihr und bearbeitete mit seinem Messer nun Friedrich Stengg, der aber über die Stiege hinunter und ins Freie flüchten konnte, eben als Maier sich auf die Frau des Bauern und ein in deren Bett schlafendes Kind stürzen wollte. Maier verfolgte Stengg, stellte ihn vor der neben dem Wohnhaus gelegenen Mühle, in welcher die Knechte des Stengg schliefen, die dieser durch lautes Rufen wecken wollte. Gemeinsam mit dem herbeigeeilten Quineser malträtierte Maier sein Opfer; später wurden bei ihm 35 Einstiche gezählt. Inzwischen waren aber die Knechte wach geworden, und ohne das erhoffte Geld, dessentwegen die blutigen Taten ja begangen worden waren, mussten die zwei Täter die Flucht ergreifen und kehrten zum Hof des Pongratz Körbler in Dürnstein zurück. Dort wurden sie schon am nächsten Tage von der Gendarmerie in Haft genommen, obwohl der Dritte in ihrem Bunde, Ernst Goldschmied, versuchte, ihnen ein Alibi zu verschaffen. Drei Tage später verstarb Friedrich Stengg. Erst jetzt bemerkte man, dass in seiner Schädeldecke die abgebrochene Spitze des Messers Philipp Maiers steckte.

Das Fragment der Schädeldecke, in dem die Spitze des Knickers noch immer steckt, und das Messer selbst können im Kriminologischen Museum der Universität Graz besichtigt werden.

Philipp Maier wurde am 15. Februar 1918 zu fünfzehn, Michael Quineser zu neun Jahren schweren Kerkers verurteilt, beide Strafen verschärft durch ein hartes Lager vierteljährlich. Ernst Goldschmied wurde, da er an der Tat nicht beteiligt war, freigesprochen

Ch. B.

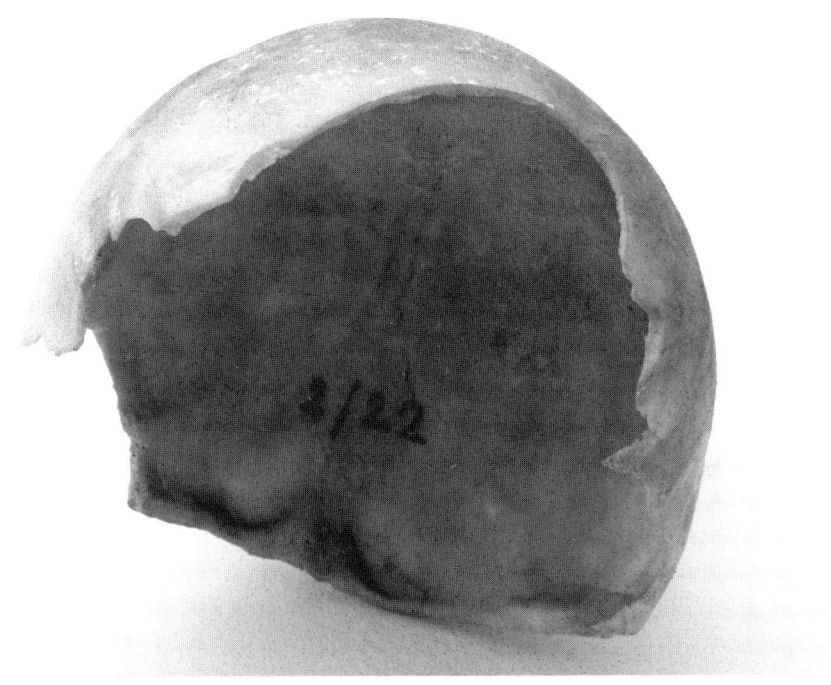

Abb. 23: Die Schädeldecke des Jägers Mathias Erlbacher (Foto Jürgen Tremer)

23. Wilderei und Mord

Der Jäger Mathias Erlbacher war am 30. Mai 1920 im Revier Lichtensteinerberg in Hinterlobming, Gemeinde St. Stefan (Stmk.), auf die Jagd gegangen; seither wurde er vermisst. Erst am 2. Juni wurde er von dem Landwirt Max Rabl in der Nähe von dessen Wohnhaus mit zerschmettertem rechten Knie und zertrümmertem Schädel im Gebüsch liegend aufgefunden. Max Rabl wurde verdächtigt, den Jäger ermordet zu haben, das eingeleitete Strafverfahren musste jedoch mangels Beweisen eingestellt werden. Dennoch war der Fall für die örtliche Gendarmerie nicht abgeschlossen, weiterhin wurde allen zur Aufklärung der Tat dienlichen Hinweisen nachgegangen. Den Bewohnern von Hinterlobming war aufgefallen, dass der dort ansässige Holzknecht Anton Gmeiner seit dem Zeitpunkt der Tat „ein verändertes Wesen zur Schau gestellt" hatte. Da dieser aber für die Zeit der Tatbegehung ein von seinem Freund Franz Buder geliefertes Alibi vorweisen konnte, war er damals aus dem Kreis der Beschuldigten ausgeschieden worden. Die Gendarmeriebeamten, die Zweifel an diesem Alibi hegten, drangen jedoch immer wieder in Franz Buder, um ihn zur Bekanntgabe des wahren Tatherganges zu bewegen; am 16. Jänner 1922, mehr als anderthalb Jahre nach Verübung des Verbrechens, gab Buder letztendlich dem Druck nach und legte folgendes Geständnis ab:

Gmeiner und Buder gingen am Abend des 30. Mai 1920, beide mit einem Gewehr bewaffnet, in das Revier Lichtensteinerberg, um dort der Wilderei zu frönen. Unterwegs kam ihnen jedoch der Jäger Mathias Erlbacher entgegen, der den etwa zehn Schritte vor Buder gehenden Gmeiner aufforderte, ihm sein Gewehr auszuhändigen. Als dieser der Aufforderung nicht Folge leisten wollte, versetzte der Jäger dem Wilderer mit seinem Bergstock einen Hieb auf den Kopf, der bei Gmeiner eine etwa 3 cm lange Rissquetschwunde verursachte. Hierauf geriet Gmeiner in Rage: Er wich einige Schritte zurück, riss sein Gewehr von der Schulter und gab einen Schuss ab, der Erlbacher ins rechte Knie traf. Von Schrecken erfüllt wandte sich Gmeiners Kumpan, Franz Buder, zur Flucht. Gmeiner folgte ihm und stellte ihn zur Rede. Mit den Worten: „Toni, da hast Du Dein Gewehr. Ich will mit Dir nichts mehr zu tun haben!" händigte Buder Gmeiner das – dem Gmeiner gehörende – Gewehr aus und begab sich nach seiner Behausung. Gmeiner aber vollendete sein Werk; er wandte sich wieder dem Jäger zu, zertrümmerte ihm mit dem Gewehrkolben das Schädeldach und versteckte den Leichnam schließlich in einem Gebüsch. Danach ging er zu Buders Heim und verabredete mit diesem ein Alibi: Er solle bei eventuellen Befragungen behaupten, sie seien zur fraglichen Zeit in Buders Hütte gesessen und hätten dort Zigaretten geraucht. Auf die Vermutung, dass der Jäger vielleicht doch noch nicht tot sei, erwiderte Gmeiner: „Ah bist sicher, ich hab ihm mit dem Gewehr aufi g'haut am Schädl, ihn bei den Füßen gepackt und ins Gräsing (i.e. Gebüsch) gezogen."

Ein Geständnis hatte Buder laut seinen eigenen Angaben ständig im Sinn, er wagte lange Zeit aber nicht, ein solches abzulegen, da Gmeiner ihm erzählt hatte, dass auch Buder bei Aufdeckung der Tat bzw. Täterschaft mit einer Verurteilung zu einer Kerkerhaft von mindestens zehn Jahren zu rechnen habe.

Als Gmeiner nach Buders Geständnis festgenommen und einvernommen wurde, gestand er ein, dass er wohl die Tat begangen haben müsse. Er berief sich jedoch darauf, sich zum Zeitpunkt der Tatbegehung in einem die strafrechtliche Verantwortlichkeit ausschließenden Geisteszustand befunden zu haben. Das hierzu eingeholte Sachverständigengutachten erklärte aber eine solche Verantwortung des Beschuldigten „für vollständig unglaubwürdig und der Wissenschaft und Erfahrung über derartige Defektbildungen in der Erinnerungsfähigkeit widersprechend". Auch die diesbezüglich befragte Schulleitung von St. Stefan bezeichnete „den Beschuldigten schon als Schulknaben als roh und verlogen". (Sämtliche Zitate stammen aus der Anklageschrift St 371/22/3 der Staatsanwaltschaft Leoben.)

Anton Gmeiner wurde wegen Totschlags zu vier Jahren schweren Kerkers, verschärft durch ein hartes Lager an jedem 30. Mai, verurteilt.

Ch. B.

24. Geldfälscherei

Auf dem Gebiet der ehemaligen k. u. k. Monarchie herrschte nach dem Ende des Ersten Weltkrieges ein währungspolitisches Chaos. Die neu entstandenen Nationalstaaten führten eigene Währungen ein, mit denen die Bevölkerung selbst in den emittierenden Ländern noch kaum vertraut war, noch weniger Menschen, die mit diesen Banknoten als ausländischem Geld zu tun hatten. Dazu kam noch, dass die Sicherheitsmerkmale der Banknoten gegen Fälschungen noch nicht allzu weit entwickelt waren; darüberhinaus kursierten noch immer große Stückzahlen von alten Kronen-Noten, die z.T. von den einzelnen Nachfolgestaaten abgestempelt oder mit Marken versehen wurden, um als gültige Währung gekennzeichnet zu werden. Diese Situation musste geradezu mit kriminellen Energien geladene Menschen zur Geldfälscherei verleiten, die schlechte wirtschaftliche Lage tat ein Übriges dazu. Vor diesem historischen Hintergrund spielte sich der hier geschilderte, in Graz sich ereignende Fall ab.

Schon seit einiger Zeit waren gefälschte jugoslawische Dinar-Noten in auffallenden Stückzahlen im Umlauf, was auch der jugoslawischen Regierung

Abb. 24a: Von Josef Agath und Konsorten gefälschte Dinar-Banknote

aufgefallen war, welche daraufhin eine Belohnung auf die Ergreifung der Geldfälscher bzw. der Personen, die diese Noten in Umlauf brachten, aussetzte. Am 20. September 1920 erschien Albin Ninaus, ein Architekt und

Abb. 24b: Die gefälschten Marken, die auf alten österreichisch-ungarischen Geldscheinen angebracht wurden, um diesen in den Nachfolgestaaten der Doppelmonarchie Gültigkeit zu verleihen

pflichtbewusster Bürger, dem ein gewisser Friedrich Seydel verdächtige 20-Dinarnoten zum Verkauf angeboten hatte, bei der Polizeidirektion Graz und erstattete gegen Letzteren und gegen dessen Komplizen Heinrich Kontzer Anzeige. Ninaus hatte privat Nachforschungen betrieben und dabei festgestellt, dass Seydel „aus dem Verkaufe der Dinar-Noten offenbar viel Geld einnehme, in letzter Zeit großen Aufwand treibe und sich sogar einen Kraftwagen angeschafft habe". Am 21. September wurde Seydel verhaftet, am 23. stellte sich Kontzer der Polizei. Die nun eingeleiteten gerichtlichen Untersuchungen deckten bald einen ganzen Geldfälscherkreis auf, in dessen Zentrum Josef Agath stand, der in der Sackstraße 16 eine Druckerei besaß. In dieser Druckerei waren, wie die hierzu eingeholten Sachverständigengutachten bestätigten, höchstwahrscheinlich die falschen 20-Dinarscheine gedruckt worden; außerdem hatte Agath etliche Bögen gefälschter Marken hergestellt, die den Marken nachempfunden waren, die von der jugoslawischen Regierung zum Aufkleben auf alte Kronen-Banknoten ausgegeben wurden, um die Gültigkeit dieser Geldscheine auf jugoslawischem

Territorium zu gewährleisten. Der zur Herstellung der falschen Marken benutzte Gravurstein wurde von einer Nachbarin Agaths in dem von beiden gemeinsam angemieteten Garten versteckt aufgefunden und zur Polizei gebracht.

Die Ermittlungen verliefen erfolgreich, Kontzer war sofort geständig, auch Seydel gestand seine Beteiligung nach anfänglichem Leugnen ein, nur Agath verweigerte eine zur Klärung des Falles beitragende Aussage. Dann jedoch widerfuhren dem mit der Bearbeitung des Falles betrauten Gerichtspersonal einige Missgeschicke: Zunächst verschwand in der Zeit vom 15. bis 17. Jänner 1921 bis auf wenige Blätter der gesamte, die bisherigen Untersuchungsergebnisse beinhaltende Gerichtsakt aus den Räumen des Untersuchungsrichters. Ob ein besonders frecher Dieb die hehre Justitia übertölpeln konnte, oder ob ein korrupter Justizbeamter als ‚Maulwurf' tätig wurde, konnte nicht geklärt werden. Alle in den Fall Verwickelten widerriefen nun ihre bereits gemachten Geständnisse. „Diese Taktik machte sich nun auch Friedrich Seydel zu eigen, rechnete dabei mit dem Verschwinden des Protokolles, das bisher mit ihm anerlaufen war, nicht aber damit, daß der Protokollinhalt im Gedächtnisse des Untersuchungsrichters haften geblieben und in anderen Aktenteilen verwertet wurde." Der Untersuchungsrichter und auch die Staatsanwaltschaft bemühten sich redlich, den Akt zu rekonstruieren, was allerdings nur in eingeschränktem Ausmaß gelang.

Allerdings schien den Anklägern noch ein Trumpf zu verbleiben, nämlich die nach wie vor bestehende Bereitschaft des Heinrich Kontzer, geständig auszusagen. Jedoch, auch dieses Rettungsfloß der Anklage versank in den stürmischen Fluten des Unvorhersehbaren: „Bezüglich der geistigen Zurechnungsfähigkeit des als Belastung für Seydel und Agath sehr belangreichen Mitbeschuldigten Heinrich Kontzer waren von verschiedenen Seiten Bedenken geäußert worden, die die Veranlassung seiner Untersuchung durch Gerichtspsychiater zu folge hatten. Diese war noch nicht abgeschlossen, als Kontzer sich am Abend des 24. 1. 1921 im Opernkafe plötzlich splitternackt auszog und an das Publikum wirre Ansprachen hielt, weshalb er der Beobachtungsabteilung überstellt wurde." Das psychiatrische Gutachten stellte *dementia praecox* fest.

Der Hauptbelastungszeuge irregeworden, der Akt verschwunden, sämtliche der Aufklärung des Falles dienlichen Geständnisse widerrufen – wahrlich kein Honiglecken für die Staatsanwaltschaft. Dennoch verfasste diese eine engagierte Anklageschrift, gemäß welcher Agath und Seydel wegen des

Verbrechens des Betruges nach den §§ 197, 199 lit.d, 200 und 201 lit.a belangt werden sollten. Beide wurden jedoch im Jahre 1925 ob der ungenügenden Beweislage gemäß § 259/3 StPO freigesprochen. (Alle Zitate stammen aus der Anklageschrift St 399/20/46.)

Ch. B.

Abb. 24c: Mit Gültigkeitsstempel versehener österreichisch-ungarischer Geldschein

25. „...zerstückelten sie und versteckten einige Leichenteile in einer Marmorsäule."

Als den beiden Kaufleuten, dem 29-jährigen Bruno Steiner und dem 24-jährigen Johann Keller, in ihrem Stammlokal, dem Café Europa in der Grazer Herrengasse, der teure Brillantschmuck auffiel, der von seiner Trägerin sehr üppig zur Schau gestellt wurde, beschlossen die beiden Herren, sich näher für die etwa 40-jährige lebhafte Dame zu interessieren. Steiner äußerte, dass er „gern die Brüller hätte", und so suchte man nach einer passenden Gelegenheit, um miteinander bekannt zu werden. Dies ergab sich durch die Tatsache, dass Steiner eine Wohnung suchte und die schmuckbehangene Dame, Elsa Josep, sich ihre Wohnung ablösen lassen wollte. Elsa Josep war eine im Jahr 1879 in Alt-Gradisca (Kroatien) geborene Arzt-Tochter, welche als sehr gutmütige, freigiebige Person geschildert wird, die oft in Herrengesellschaft verkehrte und sich eines großen Bekanntenkreises erfreute. Sie bewohnte zusammen mit zwei Untermietern eine Vier-Zimmer-Wohnung in der Neutorgasse 50 und betätigte sich als Vermittlerin verschiedener Geschäfte.

Raffiniert mittels Rechtsanwaltsbriefes eingeladen, begab sich Frau Josep im März 1922 in der Wohnungsangelegenheit in die Redtenbachergasse 7, wo Steiner und Keller, jeder offenbar mit seiner Frau, eine Wohnung teilten. „Zufällig" gesellte sich auch Keller hinzu und brachte drei schon gefüllte, eigens für diesen Zweck gekaufte, verschiedenfarbige Likörgläser mit, wobei er unbemerkt Morphium in das Glas der Frau Josep getan hatte, über das er als „Morphinist" verfügte. Entgegen der Hoffnung der beiden Herren wurde Frau Josep aber davon nicht ohnmächtig, sondern wankte von der Besprechung direkt in die an ihr Wohnhaus angrenzende „Gösserbierhalle", verspeiste dort eine Suppe und einen Salat und erbrach sogleich heftig. Ein anderer Gast brachte sie nach Hause und gab ihr warmes Salzwasser zu trinken, worauf sie nochmals erbrach. Da sie bereits den Verdacht äußerte, dass ihr die Herren in der Redtenbachergasse möglicherweise etwas antun hätten wollen, riet ihr der Helfer, die erbrochene und in einer Flasche gesammelte Flüssigkeit untersuchen zu lassen.

Trotzdem kam es zwischen der offensichtlich recht gutgläubigen Frau und den Herren zu weiteren Kontakten in der Wohnungsangelegenheit, wobei sich deren Vorhaben, die Josep zu ermorden – sei es durch Erschießen, Vergiften oder Erdrosseln – in einen festen Vorsatz wandelte. Es fehlte nur noch die passende Gelegenheit.

Diese ergab sich, als Elsa Josep am 4. April 1922 abermals die Redtenbachergasse aufsuchte. An diesem Tag wurde sie auf einem Hocker sitzend von Steiner mit einem Strick erdrosselt.

Es hatte sich ein weiterer Herr, der 22-jährige verheiratete Kaufmann aus Birkfeld namens Georg Neuda, dazugesellt. Neuda war bereits in die Pläne seiner Freunde eingeweiht und ebenfalls an der Beute interessiert. Er hatte sich zur Mithilfe bereit erklärt, wobei er aber nicht direkt an der Verübung des Mordes beteiligt sein wollte. Später sagte er aus, Keller habe ihm mit den Worten geöffnet: „...die Josep sei schon tot, er könne hineingehen und sie anschauen. Gleich darauf habe aber Keller zu lachen angefangen und gesagt, dass dies nicht wahr sei."

„Sie sitzen jetzt einem mehrfachen Millionär gegenüber", soll Steiner gesagt haben, während er sich im Schreibtischsessel, den Schmuck bereits in seiner Hosentasche, zurücklehnte.

Während Keller angibt, die Josep sei bereits bei seinem Eintreffen in Steiners Zimmer tot am Boden gelegen, versucht Steiner, seinem Kumpanen Keller die Schuld in die Schuhe zu schieben, indem er erklärt, dieser habe Neuda als Wachposten abgestellt und ihn, Steiner, förmlich dazu gedrängt, die Tat durchzuführen, was dann mit vereinten Kräften geschehen sein soll: Er habe „von rückwärts den Strick über ihren Kopf geworfen und ihn hinter ihrem Nacken mit beiden Händen zusammengezogen. Keller habe ihre Hände mit einem zweiten Strick gefesselt, und sie habe noch einen tiefen Seufzer gemacht. Keller habe dann die Zimmertür abgesperrt und gehorcht, ob das Herz noch schlage."

Man nahm dem Opfer den Pelzmantel und den Schmuck ab und versteckte die Leiche in der Lade von Steiners Schlafdiwan. Nach der Tat ging Steiner wie jeden Tag ins Café Europa, weil er sich ein Alibi verschaffen wollte. Danach begab er sich mit Neuda in die Wohnung der Ermordeten: Sie sperrten mit deren Schlüsseln Haustor und Wohnungstür auf, nahmen aus einer Wertheimkassa den restlichen Schmuck und warfen die Schlüssel schließlich im Augarten in die Mur. Die Nacht verbrachten sie im Zimmer Steiners neben der Leiche.

Nach Sicherung der Beute überlegte man, wie man die Ermordete ohne Spuren verschwinden lassen könnte. Neuda wollte sie in einem Koffer nach Pölfingbrunn schaffen. Steiner sprach von Verbrennen. Schließlich einigte man sich darauf, sie zu zerstückeln. Zu diesem Zwecke kaufte Neuda am 5.4.1922 im „Gummihaus zum Indianer" in der Herrengasse 28 mehrere Meter „Billrothbatist" (ein gelber, wasserdichter Verbandstoff) und Gummihandschuhe zum Verpacken der Leichenteile. In der Drogerie Mörath in der Jakominigasse 1 erstand er 5 kg Gips, und bei der Firma Kraft, an deren Adresse sich damals ein prächtiger Jugendstilbau, das so genannte „Englische Haus", befand, heute das „Dorotheum", erstand er einen für den Transport der Leichenteile bestimmten Handkoffer.

Der Briefträger pochte an Steiners Wohnungstür, als Steiner und Keller gerade beginnen wollten, die Leiche zu zerstückeln, und so bestätigte Keller, der sich die Gummihandschuhe noch nicht angezogen hatte, für Steiner den Postempfang. Nun hoben beide die Leiche aus der Diwanlade, schnitten ihr mit einer Papierschere die Kleidung vom Leib und verfrachteten sie schließlich in das enge Badezimmer. Mit Hilfe des Strickes, mit dem sie die Frau erdrosselt hatten, schafften sie sie in die mit Wasser gefüllte Badewanne.

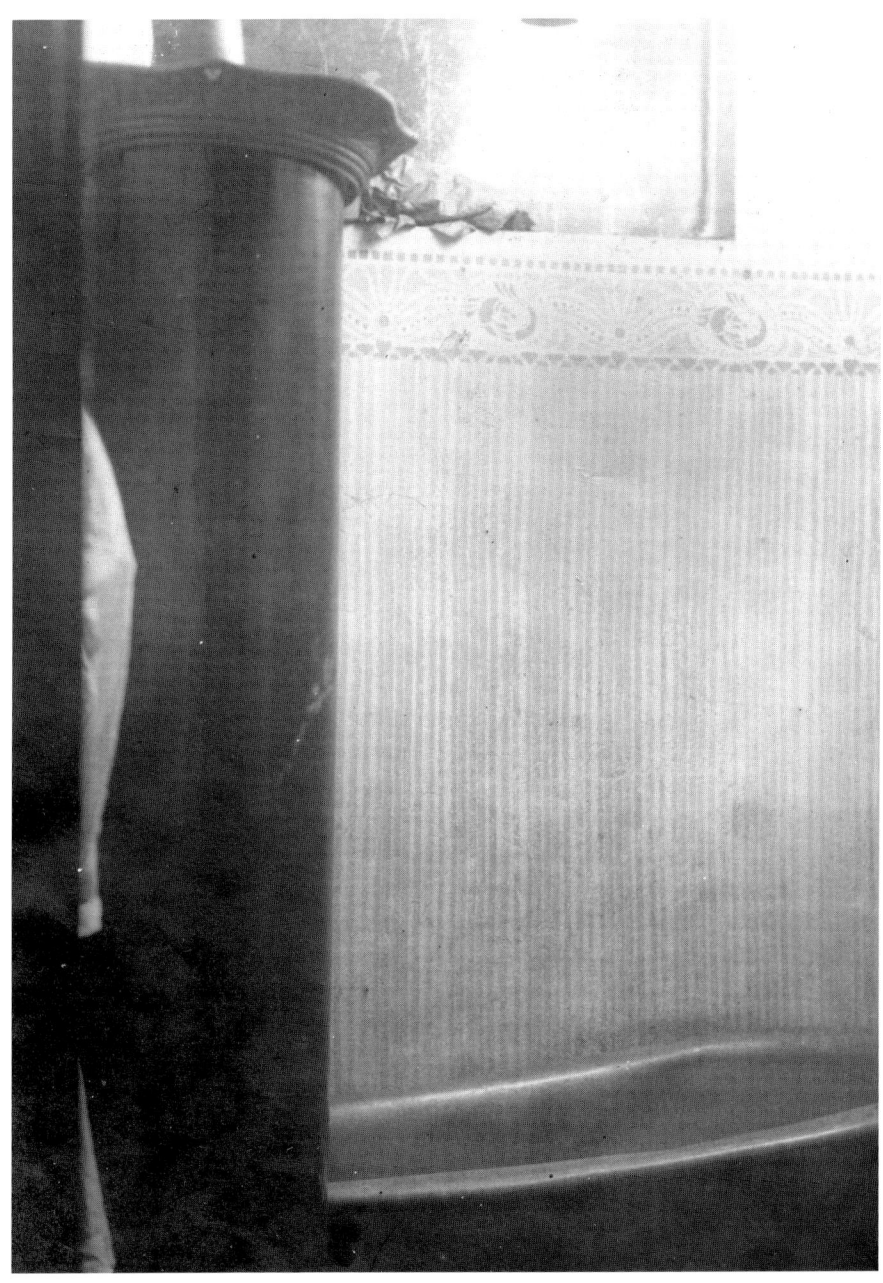

Abb. 25b: Badewanne, in der Frau Josep zerstückelt wurde (Foto Kriminalmuseum)

Nachdem sie die Leiche mit zwei Küchenmessern zerstückelt hatten, wickelten sie die einzelnen Teile in Billrothbatist ein, legten sie in Steiners Zimmer auf den Diwan, verpackten sie weiter in Papier und verschnürten sie mit Spagat, auch den abgetrennten Kopf. Darauf schlichteten sie alle Pakete unter dem Fenster auf und bedeckten sie mit Brennholz. Den Rumpf zogen sie mit dem Strick aus der Wanne, legten ihn in eine Kiste und schafften diese in das Zimmer Steiners.

Nach ein oder zwei Tagen wurden Rumpf, Oberarme und Oberschenkel durch einen Dienstmann des „Hotels zur Goldenen Birn", des heutigen Parkhotels in Graz, in das Kellerabteil des Hauses Schumanngasse 27 gebracht, das Kellers Eltern gehörte. Der Koffer, mit dem der Transport erfolgte, wurde mit Öl ausgepinselt, um ihn gegen das Durchsickern von Flüssigkeiten möglichst undurchlässig zu machen.

Der abgetrennte Kopf, die Unterarme und die Unterschenkel „wurden aber in einer runden aus Holz gefertigten Säule, die mit einer Art marmoriertem Papier überzogen war, mit einem Teil der Kleider und der Wäsche der Leiche eingegipst. An dieser Arbeit nahmen alle 3 teil. Zuerst wurde der Kopf hineingestopft, dann die Gliederpackete, zuletzt Kleider- und Wäschestücke, ebenso aber auch der Strick, mit dem die Josep erdrosselt wurde. Zur Versteifung des Gipsp(f)ropfens wurden Querhölzer angebracht. Die Säule wurde dann mit dem Sockel nach oben nahe dem Fenster aufgestellt, damit der Gips trockne. Zwei Tage darauf wurde sie aber wieder in ihre alte Lage gebracht und eine Blumenvase wieder auf sie gestellt. Im Juni einmal kam es dem Steiner vor, als ob sich ein Geruch bemerkbar mache, weshalb er auch den Keller darauf aufmerksam machte, der meinte, die Säule müsse weg, ohne dass sie jedoch entfernt worden wäre."

Es erwies sich als etwas problematisch, die Beute, vor allem den teuren Schmuck, zu verhehlen. Über einen Bekannten Steiners, den Juwelier Moritz Pfeifer, wurden verschiedene andere Juweliere eingeschaltet, und schließlich gelang es, Joseps kostbarste Schmuckstücke, die Boutons (Ohrstecker), einem Wiener Händler zu verkaufen. Ein Grazer Juwelier behielt einige Ringe und Ketten.

Während Steiner nach der Entlohnung der Juweliere für die Verhehlung des Schmuckes den Großteil des Erlöses für sich behielt, sich teuer einkleidete und seine Frau reich beschenkte, behauptete Keller, nur einen geringen Teil des Erlöses erhalten zu haben. Neuda wurde mit dem Pelz abgefunden, den er wieder aus der Grazer Bahnhofsgarderobe holte, wo er ihn in der Mordnacht deponiert hatte. Er verkaufte ihn einem Wiener Händler.

Steiners Frau bekam einen großen Teil des gestohlenen Schmuckes. Sie glaubte ihm, dass er gute Geschäfte gemacht und verschiedenen Schmuck bei Versteigerungen und unter der Hand erworben habe. Angeblich sollen die beiden Frauen nichts von den Umtrieben ihrer Männer bemerkt haben. Frau Keller saß in Haft, bis ihre Unschuld bewiesen war – aus der Haft schrieb sie mit Blut einen mittlerweile nicht mehr lesbaren Brief, der abgefangen wurde und nun im Besitz des Museums ist. Die Frau des Neuda bekam einen Ring, den sie aber bei einem Spaziergang verloren haben will. Schwieriger als die Veräußerung der Beute gestaltete sich die Beseitigung der Leichenteile. Einen Monat nach dem Mord schrieb Keller, der nicht nur eine Ehefrau, sondern auch eine Geliebte namens Robinson hatte, Robinson einen Brief, in dem er sie bat, sie möge ihm gestatten, eine Kiste in ihrer Wohnung aufzustellen. Mitte Mai trug er ein Paket mit Gliedteilen in einem kleinen, abgesperrten Reisekorb in die Wohnung der Robinson und stellte ihn im Schreibzimmer zum Fenster. Am nächsten Tage verpackte er das Paket in Anwesenheit der Robinson besser, weil ihm die bisherigen Hüllen nicht genügend waren, wie er behauptete, aber keineswegs deshalb, „weil das Packet etwa gerochen hätte".

Robinson stellte ihrem Geliebten Zeitungspapier und Leinenfetzen zur besseren Umhüllung des Paketes und Petroleum zur Tränkung dieser Fetzen zur Verfügung. Er bestrich das Paket mit Lysol, „um den Polizeihunden keine Witterung zu geben". Robinson, die in einem Fauteuil sitzend diesen Vorgängen zugesehen hatte, sagte später aus, sie habe „niemals sicher gewusst, daß Keller mit dem Verbrechen in irgend einem Zusammenhang stehe". Ungefähr 14 Tage nach diesem Vorfall habe Keller ihr gegenüber andeutungsweise erzählt, der Steiner habe mit irgendjemandem „Pech" gehabt, und er, Keller, habe dem Steiner geholfen, die Spuren zu beseitigen. Keller selbst habe jede Beteiligung an dieser Sache vollkommen in Abrede gestellt. Zu einer Anzeige habe sie sich nicht verpflichtet gefühlt, zumal sie nichts Näheres gewusst habe und sie ihrem Geliebten damit geschadet hätte. Als ihr Keller die Montagszeitung vom 10.7.1922 gebracht und sie gebeten habe, diese aufzuheben, habe sie zufällig in der Zeitung die Notiz vom Verschwinden der Frau Elsa Josep gelesen. Unwillkürlich habe sie sofort an jenes geheimnisvolle Paket gedacht, zumal Keller auf diese Montagszeitung Wert zu legen schien. Keller habe sie aber nur ausgelacht, als sie ihn gefragt habe.

Während es dem großen Bekanntenkreis der Josep nicht verdächtig vorkam, dass sie so lange nicht in den sonst häufig von ihr besuchten Kaffeehäusern erschien und man vermutete, sie wäre krank oder verreist, wurde der Bankbeamte Rudolf Lorenz unruhig. Er hatte nämlich vergeblich auf das Geld gewartet, das Josep für einen Pelz, den er ihr zum Verkauf gegeben hatte, erhalten hätte sollen. Er besprach sich deshalb mit der Kaufmannsfrau Käthe Schwarz, bei der er seinen Pelz hinterlegt und die ihn der Josep übergeben hatte. Lorenz befragte auch den in Frau Joseps Wohnung ein Zimmer bewohnenden Major Wilhelm Lütgendorf (vielleicht ein Vorfahre des österreichischen Verteidigungsministers der 70er-Jahre, Karl Lütgendorf?). Der meinte, die Josep sei wohl verreist gewesen, zwischendurch aber wieder heimgekehrt, und über ihren momentanen Aufenthalt wisse er nichts. Anderen gegenüber äußerte er sich recht bemerkenswert: „Sie ist beseitigt."

Acht Tage nach dieser Unterredung mit Lütgendorf erstattete Lorenz bei der Polizei Anzeige, worauf diese zu ermitteln begann.

Nach Erscheinen der schon früher erwähnten Abgängigkeitsanzeige in der Montagzeitung meldete sich auch der Juwelier bei der Polizei und gab zu Protokoll, es sei nicht ausgeschlossen, dass ihm gestohlener Schmuck der Abgängigen zum Verkauf angeboten worden sei. Als ihm Zeichnungen der Ohrstecker der Ermordeten gezeigt wurden, verschwieg er allerdings, dass er sie tatsächlich zum Verkauf übernommen hatte und begründete dies später damit, dass die Brillanten der Josep nach Angabe der Polizei weißes Feuer gehabt, hingegen die ihm übergebenen Boutons einen Stich ins Gelbliche aufgewiesen hätten.

Da Neuda, der jüngste der drei am Mord bzw. der damit zusammenhängenden Hehlerei Beteiligten, und der Haupttäter Steiner geschäftliche Angelegenheiten auch in Steiners Wohnung regelten, kam ein Geschäftspartner in diese Wohnung, wobei ihm dort ein besonders übler Geruch auffiel. Weil sich aber „gegenüber dem hofseitigen Fenster vom Zimmer des Steiner eine grosse zementierte Mistgrube mit zwei unverschlossenen Einwurföffnungen" und „an der Hauswand dicht unterhalb des Fensters ein Verschlag für Geflügel" befand, war es nicht verwunderlich, dass es recht streng roch – noch dazu in der warmen Jahreszeit. Zusätzlich machte Neuda, offensichtlich von Schuldgefühlen geplagt und unter starkem psychischen Druck, nach und nach dem Geschäftspartner gegenüber immer konkreter werdende Andeutungen über den Tathergang. Als dieser Partner auch noch erfuhr, dass Steiner bereits wegen eines Schreibmaschinendiebstahls im Gefängnis sitze, ging er zur Polizei und äußerte dort die Vermutung, dass Steiner für das Verschwinden der Josep verantwortlich sei. Auch der Juwelier hatte sich inzwischen entschlossen, die Polizei über seine Beziehungen zu Steiner zu informieren.

„Um 1 Uhr Nachmittag begaben sich die Erhebungsorgane in die Wohnung des Steiner und durchsuchten sie. Es wurde auch die fragliche Säule in Augenschein genommen und als man bemerkt hatte, dass sie an einem Ende vergipst war, eröffnet. Obenauf lag der Strick, mit dem die Josep erdrosselt worden war, darunter das rote Kleid, das sie damals getragen hatte und einige Wäschestücke. Sodann rollte der abgeschnittene Kopf aus der Säule heraus, und es fanden sich in ihr noch die Unterarme und die Unterschenkel.

Trotz aller Verheerungen, die der Fäulnisprozess an dem Kopfe der Josep herbeigeführt hatte, war ihre Identität noch feststellbar. Zwei Tage darauf entschloss sich Keller, bei der Polizei anzugeben, wohin die übrigen Leichenteile geschafft worden waren. Am 17.8. um 7 Uhr früh wurden sie im Keller des Hauses Schumanngasse 27 gefunden. [Offenbar hatten die Mörder den Koffer wieder aus der Wohnung der Geliebten des Johann Keller, Frau Robinson, in den Keller des Wohnhauses seiner Eltern zurückgebracht.] Sämtliche Leichenteile wurden im Institut für gerichtliche Medizin einer eingehenden Untersuchung unterzogen und obduziert."

Laut den Angaben in den Haftbüchern der Justizanstalt Graz-Karlau war Georg Neuda etwa ein Jahr lang in Graz inhaftiert, wurde dann aber ins Landesgericht Wien überstellt, um dort den Rest der zweieinhalbjährigen Kerkerstrafe abzubüßen. Johann Keller war zwar zu lebenslanger Haft verurteilt worden, wurde aber bereits im Jahr 1938 bedingt entlassen. Bruno Steiner, der Haupttäter, der zu lebenslangem Kerker mit einem Fasttag vierteljährlich und hartem Lager mit Dunkelhaft am 4. 4. jeden Jahres verurteilt worden war, war zunächst auch in der Karlau inhaftiert. Die völlig abgegriffene Eintragung im Haftbuch, die vielleicht Klarheit über seinen weiteren Verbleib gebracht hätte, konnte aber von den Justizangestellten nicht einmal mehr mit Spezialgeräten entziffert werden. Nachforschungen beim Standesamt Graz ergaben nur, dass Steiner im Februar 1938 geschieden wurde, im September 1939 wieder heiratete und diese zweite Ehe im Juni 1940 annulliert wurde – vielleicht weil die Frau erst nach der Eheschließung von der abscheulichen Tat Steiners erfahren hatte.

Leider geben weder das Grazer Standesamt noch Pfarrmatriken Auskunft über Steiners Sterbedatum. An dieser Stelle sei den engagierten Helfern bei der Recherche, Frau Magda Weis vom Strafvollzug der Justizanstalt Graz-

Karlau und Frau Ingrid Fritz vom Standesamt Graz, herzlich für ihre Mithilfe gedankt.

<u>Aus der Anklageschrift Vr XXIV 3404/22:</u>

365

Die Staatsanwaltschaft Graz erhebt vor dem zur Vornahme der Hauptverhandlung hierüber zuständigen Landes- als Geschworenengerichte Graz gegen

1. Bruno Steiner, am 20. Feber 1893 in Graz geboren und dahin zuständig, katholisch, verheiratet, Kaufmann zuletzt in Graz, Redtenbachergasse Nr. 7, derzeit in Untersuchungshaft, vorbestraft,

2. Johann Keller, am 4. Juli 1897 in Sarajewo geboren, nach Hainburg a.d. zuständig, kath. (alt), verheiratet, Landesproduktenhändler, zuletzt in Graz, Redtenbacherg. 7, derzeit in Untersuchungshaft, vorbestraft,

3. Georg Neuda, am 31. August 1899 in Wien geboren und dahin zuständig, evangelisch, verheiratet, Kaufmann (Holzgeschäft) zuletzt in Birkfeld, derzeit in Untersuchungshaft, und

4. Elsa Robinson, am 20.10.1880 in Teschen geboren, nach Manchester zuständig, katholisch, geschieden, Private, zuletzt in Graz, Kopernikusgasse 27, derzeit in Untersuchungshaft, die

Anklage

Es haben in Graz:

...<u>Johann Keller</u> und <u>Bruno Steiner</u> als Raubgenossen im März 1922 der Elisabeth Aurelia Pinter [in den Akten wird Frau Josep aufgrund der Annullierung ihrer Ehe mit Michael Josep auch mit ihrem Mädchennamen Elisabeth Aurelia Pinter genannt] mit tätlicher Beleidigung durch arglistige Betäubung mit morphiumhältigem Likör Gewalt angetan, um sich ihrer beweglichen Sachen zu bemächtigen.

...<u>Johann Keller</u> und <u>Bruno Steiner</u> am 4. April 1922 als Mittäter durch Festhalten der Hände und Drosseln mit einem Wäschestück gegen Elisabeth Aurelia Pinter, in der Absicht sie zu töten und fremde bewegliche Sachen als eine Elfenbeintasche, ein Pelz, 1 Regenschirm, 1 Handtasche, 1 Paar

100

Boutons, 1 runde Brillantbrosche, 1 kleine Brillantnadel, mit einem Silberkettchen, 3 Brillantringe, 1 Blumenring , 1 Ehering und ein Smaragdring mit Gewalttätigkeit gegen die Person an sich zu bringen tückischer Weise auf eine solche Art gehandelt, dass daraus der Tod der Elisabeth Aurelia Pinter durch Ersticken erfolgte.

Georg Neuda habe sich mit Bruno Steiner und Johann Keller zu der angeführten Uebeltat vorläufig über die nach vollbrachter Tat ihnen zu leistende Hilfe und Beistand und über einen Anteil an Gewinn und Vorteil einverstanden erklärt.

...Bruno Steiner und Georg Neuda nachts zum 5.4.1922 um ihres Vorteiles willen als Diebsgenossen durch Anwendung eines Dietriches aus dem Besitze und ohne Einwilligungen der ruhenden Erbschaft der Elisabeth Aurelia Pinter nachstehende fremde bewegliche Sachen entzogen: Eine Kettenarmbanduhr aus Gold mit einem blauen Stein und zwei Perlen. Wert 35.000 K., einen goldenen Ring mit 5 Diamanten Wert

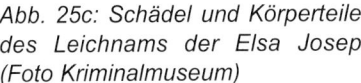

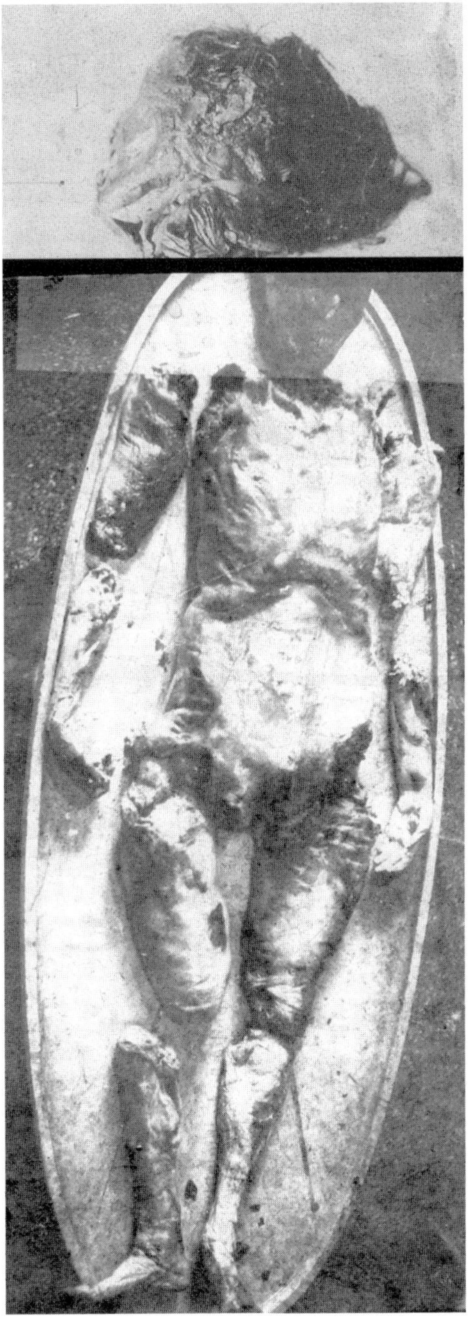

Abb. 25c: Schädel und Körperteile des Leichnams der Elsa Josep (Foto Kriminalmuseum)

10.000 K, ein Paar Ohrgehänge aus Gold mit Silberfassung und unechten Brillanten Wert 2500 K, ein Paar Ohrgehänge aus Gold mit Goldfassung und Imitationsperlen, Wert 500 K; einen Ring aus Neugold mit einem grünen und weissen Stein, Wert 12.000, einen Fingerring aus Gold mit einer Kamee Wert 7500 K; eine Brosche mit Frauenkopf aus Alabaster 300 K, einen Fingerring aus Gold mit antiker Emaileinlage und einem Geheimfach Wert 7500 K, eine grüne Lederkassette Wert 5000 K, einen ausgebrochenen grünen Stein mit Goldfassung, Wert 2000K, einen kleinen Goldring Wert 100 K, ein goldenes Anhängsel mit Steinen in Herzform, einen Ehering Wert 10.000 Kr eine feine silberne Damenhalskette Wert 500 K; einen Ring mit falschen Rubinen Wert 400 K, Bruchgold Wert 38.000 K, einen gebrochenen Ehering Wert ? Eine Lorgnonkette 135.000 K und einen Anhänger in Fläschchenform Wert 65.000 K.

...Elsa Robinson:

a) nach dem 10. Juli 1922 dadurch, dass sie dem nachforschenden Polizeioberkommissär Hugo Stürzer verschwieg, sie habe dem Johann Keller in ihrer Wohnung Leinwandstücke, Petroleum und Papier zur Umhüllung von Leichenteilen zur Verfügung gestellt, der nachforschenden Obrigkeit die zur Entdeckung des Verbrechens und des Täters dienlichen Anzeigungen verheimlicht

b) Das gestohlene Gut mit Ausnahme einer Hacke im Juli und August 1922 in Kroisbach und Graz verhehlt.

Es haben hiedurch begangen:

Bruno Steiner und Johann Keller das Verbrechen des Raubes nach §§ 190 192, 193 StG. und das Verbrechen des meuchlerischen Raubmordes nach § 134 135 Z.1 und 2 STG.

Georg Neuda das Verbrechen der Teilnehmung am meuchlerischen Raubmorde nach § 5, 134, 135 Z.1 und 2 STG. .

Elsa Robinson das Verbrechen der Vorschubleistung nach § 214 STG.

Es seien hiefür Bruno Steiner und Johann Keller nach § 136 STG. § 1 des Ges. vom 3.4.1919 Nr. 215 Staatsgesetzbl. und § 34 STG.

Georg Neuda nach § 137/11 StG. und 34 STG. Elsa Robinson nach § 186/11 und § 34 StG. zu bestrafen.

I. G.

26. Raubmord an der Klavierlehrerin

Am 24. April 1922 um etwa 3 Uhr nachmittags sperrte eine Schülerin das Sparherdzimmer ihrer Klavierlehrerin Valerie de Maison Lobenstein im 2. Stock des Hauses Sackstraße 27 in Graz auf, um dort Klavier zu üben, wozu sie die Erlaubnis hatte. Beim Eintreten bemerkte sie, dass in dem Zimmer eine kaum zu beschreibende Unordnung herrschte: Alle Laden und Kästen waren durchwühlt worden und auf dem Boden lag – inmitten von blutverschmierter Wäsche, diversem Hausrat, Papieren, Speiseresten, ausgeschüttetem Maisgrieß und hingeworfenen Zigarettenstummeln – in einer riesigen, zum Teil eingetrockneten, zum Teil noch flüssigen Blutlache die

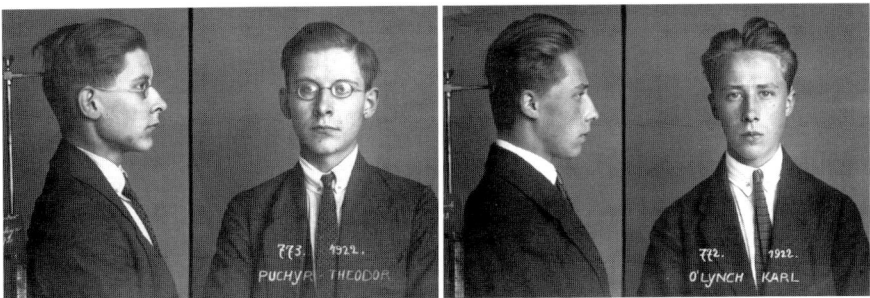

Abb. 26a: Mörder, die wie Musterknaben aussehen (Foto Kriminalmuseum)

Leiche der Lehrerin. Wie die sofort herbeigerufene Mordkommission feststellte, war das Schädeldach der Lobenstein mit einem stumpfen Gegenstand unter großer Gewaltanwendung zertrümmert worden. Außerdem wies die Frau zwölf Messerstiche in der Herzgegend auf. Es wurde ein Tafelmesser mit Silbergriff sichergestellt, mit welchem dem Opfer die erwähnten Stichverletzungen zugefügt worden sein konnten; die spitze Klinge war bis zum Griff blutbefleckt. Die Schmuckschatulle der Lehrerin wurde offen und leer vorgefunden.

Wie die Täter ausgeforscht wurden, lässt sich aus den zur Verfügung stehenden Akten nicht eruieren. Noch in der darauf folgenden Nacht wurden der 16-jährige Karl O'Lynch, der kurz zuvor die Zahntechnikerlehre auf seinem dritten Lehrplatz abgebrochen hatte, und sein ehemaliger, beruflich gleich erfolgloser Arbeitskollege, der 17-jährige Theodor Puchyr, verhaftet, als sie den erbeuteten Schmuck mit Holzkohle einschmolzen. Beide gestanden die Tat.

Abb. 26b: Selbstgebastelte Totschläger (Foto Jürgen Tremer)

Es waren wohl schlechter Umgang und der Wunsch, sich auf die leichtest mögliche Art ein angenehmes Leben zu verschaffen, die zum moralischen Niedergang der beiden (auf den vorhandenen Fotos eher wie Muster-schüler aussehenden) Knaben führten. Beide Burschen nutzten ihre offen-sichtlich vorhandene Kreativität und handwerklichen Begabungen leider nicht für den Beruf, sondern zur Herstellung von Gegenständen für ihr kri-minelles Treiben. So fertigte Puchyr schon im zarten Alter von 15 Jahren Dietriche an, weil er „Freude über das Öffnen von komplizierten Schlössern" hatte (Zitat aus Vr XX 1807/22). Gemeinsam bastelten sie Totschläger aus mit geschmolzenem Blei gefüllten Kautschukballons, die sie an Stielen aus Spanischem Rohr befestigten, und Ledermasken, die sie bei den geplanten Raubmorden aufsetzen wollten, um nicht erkannt zu werden. Puchyr plante zum Beispiel, einen Mann wegen seiner Platineinlage im Schuh zu überfallen. Ein in den Akten als ebenfalls verwahrlost bezeichneter Schulkollege sagte aus, daß O'Lynch mit seinem Flobert-Gewehr und Puchyr mit seinem sechsläufigen (?) Revolver in einer Wohnung Schießübungen auf eine Goethebüste veranstaltet hätten – dass sie getroffen haben, ist ersichtlich – die Büste befindet sich als eines der *corpora delicti* dieses Falles im Kriminalmuseum. Stets gingen die Knaben mit Revolvern, Totschlägern und Masken aus, „damit die Sachen bei einer Hausdurchsuchung nicht gefunden würden". Als Puchyr wieder einmal dringend Geld benötigte, weil er die Klei-

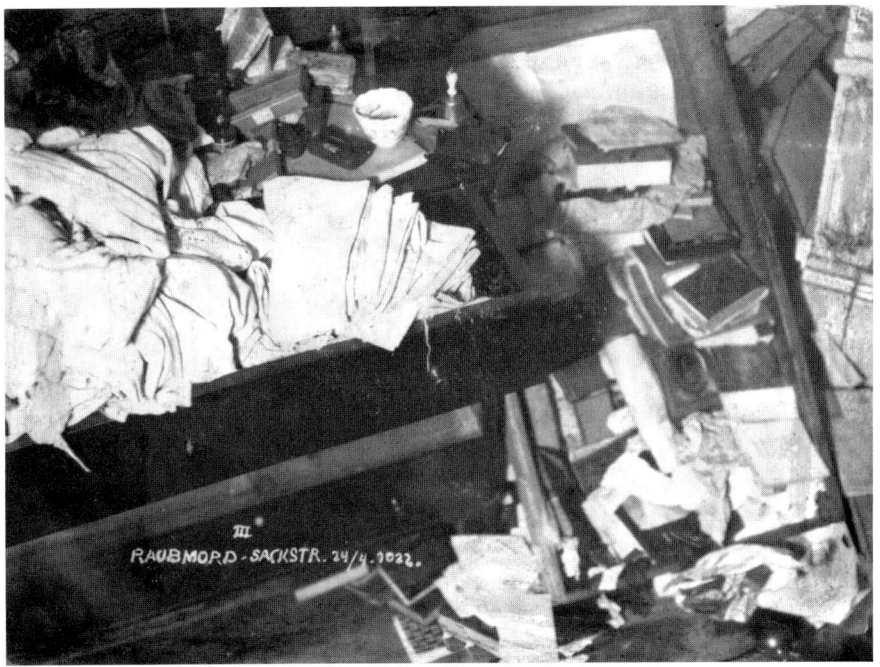

Abb. 26c: Die Täter hinterließen ein unglaubliches Chaos in der Wohnung ihres Opfers (Foto Kriminalmuseum/Jürgen Tremer)

der seines sich im Spital befindlichen Vaters verkauft hatte und dieser entlassen werden sollte, beschloss er gemeinsam mit O'Lynch den Raubmord an der Klavierlehrerin – ein Freund, der bei der Frau bereits einmal eingebrochen hatte, wusste zu berichten, dass noch mehr Schmuck vorhanden wäre.

Der Tathergang ist schnell erzählt: Beide meldeten sich unter falschen Namen bei der Klavierlehrerin als Schüler an, wobei einer vorgab, Kriminalbeamter, der andere, Zahntechniker zu sein. Während der ersten Klavierstunde von O'Lynch streichelte Puchyr die Katze der Lehrerin auf der Couch, verlangte in der Pause ein Glas Wasser und versuchte, während die Frau es holte, die Schmucklade zu öffnen. Da dies in der kurzen Zeit nicht gelang, machte er ihr, als sie wiederkam, den Vorschlag, ihr eine Zahnbrücke anzufertigen und dazu gleich einen Abdruck zu nehmen. Das offensichtlich gutgläubige Opfer stimmte tatsächlich zu. Während Frau Lobenstein wehrlos mit offenem Mund im Sessel saß, schlugen ‚die Schüler' mit ihren Totschlägern auf die Lehrerin ein, fügten ihr mit einem Tafelmesser mehrere Stiche zu und schnitten ihr die Kehle durch. Sie blieben noch einige Zeit Zigaretten rauchend in der Wohnung und nahmen dann alles Wertvolle mit, unter anderem auch ein Säckchen Mehl, litten sie doch Hunger: „Wir haben nichts zu fressen", habe Puchyr gesagt, gab später O'Lynch zu Protokoll. Die in O'Lynch's Augen schwachsinnige Mutter des Puchyr habe ihnen mit dem erbeuteten Mehl Omeletten zubereitet. Ihr erzählten sie, sie hätten das Mehl auf einem Bauernhof gestohlen.

Im Augarten warfen sie die Wohnungsschlüssel des Opfers und die Totschläger in die Mur. Einer der Totschläger wurde später von einem Fischer gefunden.

Der nur auszugsweise vorhandenen Anklageschrift ist zu entnehmen, dass O'Lynch versuchte, alle Schuld auf seinen Genossen abzuwälzen, und sich nur insofern schuldig fühlte, als er nicht um Hilfe gerufen habe, als Puchyr die Klavierlehrerin ermordete. Eine Rechtfertigung des Puchyr oder ein Gutachten über ihn sowie die Urteilssprüche fehlen.

Laut Vermerk auf der vorhandenen Karteikarte hat die Mutter des Puchyr Diebsgut „an sich gebracht" und wurde dafür mit 4 Monaten Kerker, verschärft durch ein hartes Lager monatlich, bestraft. Puchyrs Strafe wurde mit 15 Jahre schwerem Kerker, einem harten Lager vierteljährlich und Dunkelhaft am 23.4. jeden Jahres bemessen, O'Lynch erhielt 14 Jahre schweren Kerkers und dieselben Verschärfungen wie Puchyr.

I. G.

27. „...dass sie das Kind mit Vorbedacht in die Mur geworfen habe..."

Am 1. März 1923 wurde an der „Leitersdorfer Überfuhr" der Mur, eine Wegstunde oberhalb von Radkersburg, die Leiche eines etwa einjährigen Knaben angeschwemmt. Seine Gesichtszüge waren zwar schon entstellt, aber am gestrickten Hemdchen und insbesondere am Muttermal an der linken Brustseite konnte der Hilfsarbeiter Alois Gross die Leiche als sein Kind identifizieren. Die 21-jährige Kindsmutter Maria Itz, Hilfsarbeiterin in einer Nadelfabrik, hatte am 7. Februar 1923 ihrem Freund Alois Gross und danach der Polizei verschiedene, allesamt unglaubwürdige Versionen zum Verschwinden des Kleinen aufgetischt. Das Kind sei ihr beim Spazierengehen in der Gegend des Linienamtes in Graz-Andritz von einem maskierten Mann geraubt worden. Nach eingehendem Verhör behauptete sie, das Kind sei ihr entglitten, als sie es während eines Tref-

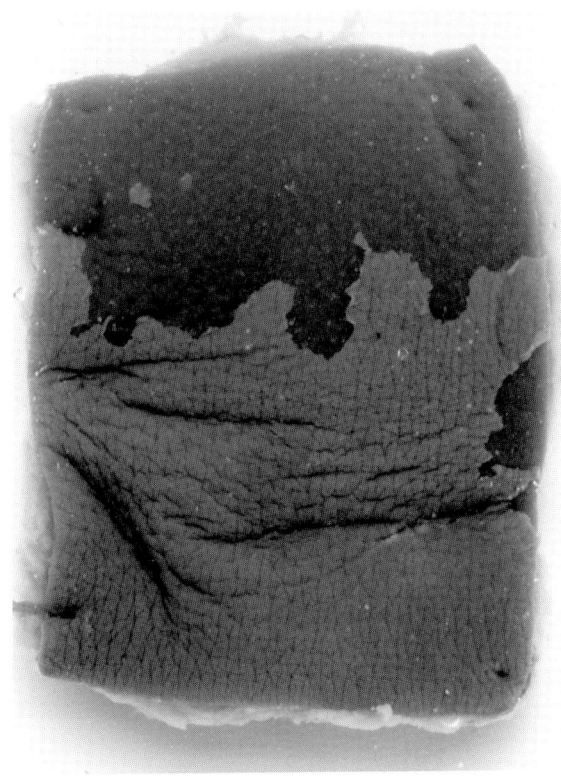

Abb. 27: Muttermal, das die Identifizierung des Leichnams eines etwa einjährigen Knaben einen Monat, nachdem die Mutter das Kind ins Wasser geworfen hatte, ermöglichte. Das Präparat wurde freundlicherweise von Frau Nancy Hartung vom Institut für Gerichtsmedizin der Universität Graz im Wege der Amtshilfe restauriert. (Foto Jürgen Tremer)

fens mit einem Burschen, dessen Namen sie nicht nennen wolle, von einem in den anderen Arm habe legen wollen, und über die Böschung an der Kalvarienbergbrücke in die Mur gerollt. Später gestand sie, dass sie es wohl bedacht vorsätzlich derart in den Fluss geschleudert hätte, dass es ins Wasser gefallen und sogleich versunken sei. Zwei Tage später, am 9. Februar 1923, widerrief sie ihr Geständnis und tischte eine neue Version auf. Ein Gärtnergehilfe hätte ihr brieflich versprochen, sie zu heiraten und mit ihr nach Amerika zu gehen, wenn sie das Kind zu Tode brächte, er hätte schon eine Schiffskarte für sie. Sie hätte sich am 7. Februar mit ihm am Bahnhof getroffen, an der Mur habe er ihr trotz heftiger Gegenwehr ihrerseits das Kind entrissen und in den Fluss geworfen.

Schließlich gestand sie, ständiger Streit mit dem Kindsvater und Vorhaltungen ihrer Großmutter, mit der Maria Itz zusammen lebte, hätten in ihr den Entschluss reifen lassen, den Knaben zu töten. Dabei musste sie zugeben, dass sowohl der Kindsvater als auch die Großmutter das Kind liebten und gut behandelten, dass der Kindsvater außer einem Unterhaltsbeitrag von 8.000 K monatlich noch die Milch zahlte, zuletzt 30.000 K wöchentlich, und darüber hinaus auch sonst noch größere Beträge für den Unterhalt des gesunden, gut entwickelten Kleinen beisteuerte. Marie Itz verdiente in der Fabrik selbst auch 83.000 K wöchentlich, sodass sie und ihr Kind keine Not zu leiden hatten. Vergnügungssucht und der Wunsch der jungen Frau nach einem unbeschwerten Leben ohne Verantwortung für ein als lästig empfundenes Kind hatten den Buben sein Leben gekostet.

Maria Itz hätte gemäß § 136 STG und § 2 des Gesetzes vom 3.4.1919 STGBl. Nr. 215 mit lebenslänglichem schwerem Kerker bestraft werden können. Strafmildernd waren außer ihrer Unbescholtenheit das reumütige Geständnis (?!) und der infantile Charakter der Angeklagten, die „heftige Gemütsbewegung der Angeklagten infolge der steten Nörgeleien ihrer Großmutter", das hinsichtlich des Heiratsversprechens zurückhaltende Verhalten ihres Geliebten Alois Gross und „schließlich ihre aus dem Bericht der Hirtenschule in Graz zu ersehende vernachlässigte Erziehung". Maria Itz wurde zu zwei Jahren schweren Kerkers, ergänzt durch eine Dunkelhaft am Tage der Tat, verurteilt (Staatsanwaltschaft Graz Vr XIX 546/23:37) – mit dem Urteil in der zweiten Instanz wurde aber die Strafe auf vier Jahre schweren Kerkers erhöht, ergänzt durch die schon oben genannte Dunkelhaft am 7. Februar eines jeden Jahres.

I. G.

28. Duell Sacher-Masoch gegen Schwartz

Der Großneffe des bekannten Schriftstellers Leopold Ritter von Sacher-Masoch, dessen literarisches Wirken den Sexualforscher Krafft-Ebing dazu veranlasste, den Begriff „Masochismus" zu prägen, machte sich im Jahre 1923 in Graz strafbar, indem er mit dem Studenten Michael Schwartz ein Säbelduell austrug.

Der Streit begann folgendermaßen: Alexander Sacher-Masoch wurde unter anderem von Michael Schwartz „als mutmasslicher Verwandter des bekannten gleichnamigen Schriftstellers und angeblichen Judenstämmlings diesfalls interpelliert", wodurch sich dieser in seiner Ehre verletzt fühlte. Daraufhin wurde ein Schiedsgericht einberufen, welches die Angelegenheit friedlich zu regeln versuchte. Damit war jedoch Sacher-Masoch nicht einverstanden und nannte Schwartz unter vier Augen einen Feigling. Diese Beleidigung wollte Schwartz nicht auf sich sitzen lassen und forderte daraufhin Sacher-Masoch zum Duell. Das Duell sollte gleich am nächsten Tag, dem 23. November 1923, stattfinden. Es wurden die Sekundanten bestellt und, wie üblich, die Bedingungen des Duells bestimmt, welche, wie sich später herausstellen sollte, für die Strafwürdigkeit entscheidend waren.

Die Bedingungen für die Austragung des Duells waren folgende: „12 mm breite Klingen, entblösster Oberkörper, Halskrawatte, Genital- und Bauchschutz, Kettenhandschuhe, Seidenunterarmbandage, Meiselschutz und Axillarschutz." Der Kampf sollte bis zur Kampfunfähigkeit ausgetragen werden. Tatsächlich wurde jedoch mit 8 mm breiten Klingen gekämpft, und der Meisel- und Axillarschutz wurde auch nicht ordentlich getragen. Beide Duellanten erlitten schwere Verletzungen, wobei Sacher-Masoch eine 10 cm lange Hautdurchtrennung vom rechten bis zum linken Auge und andere Verletzungen im Gesicht aufwies, sodass eine offene Verbindung mit der Nasenhöhle entstand. Auch Schwartz hatte mehrere Verletzungen, wobei die Durchtrennung seiner Nase die schlimmste war. Wegen dieser Verletzung musste das Duell beendet werden.

Das Landesgericht für Strafsachen Graz hatte zu entscheiden, ob es sich bei diesem Duell um einen rechtswidrigen Zweikampf mit verbotenen Waffen gehandelt hatte. Maßgeblich für die Strafbarkeit dieses Duells war der Umstand, dass so lange zu kämpfen war, bis einer der Teilnehmer kampfunfähig wurde. Ebenfalls für die Ernsthaftigkeit des Zweikampfes sprach, dass beide direkt ins Gesicht zielten, sodass mit derartig schweren Verletzungen auch gerechnet werden musste.

Aufgrund dieser Erwägungen kam das Gericht zu folgendem Ergebnis: Alexander Sacher-Masoch und Michael Schwartz haben sich gemäß § 158 StG (Tatbestand des Zweikampfes) strafbar gemacht.

Die beiden Sekundanten wurden wegen Beteiligung gem. § 164 StG verurteilt.

Allen Beteiligten wurden überwiegend Milderungsgründe zugerechnet, und das Gericht brachte auffallend viel Verständnis für die Situation der Angeklagten auf. Der letzte Satz der neunseitigen Anklageschrift lautet: „Es würde doch dem Rechtsempfinden widerstreben, wenn bei den zahlreichen sonstigen ähnlichen Studenten Mensuren, die unverfolgt bleiben, gerade dieser Fall, der zufällig grösseres Aufsehen erregt hatte, dazu dienen sollte, Studierende in den letzten Semestern, welche dem allgemeinen Beispiel gefolgt sind, auf diese Art aus dem Berufe zu werfen, wodurch gerade in letzter Linie ihre Eltern – also ganz unbeteiligte Personen – schwer getroffen werden würden." Hieraus wird ersichtlich, dass derartige Duelle nicht als wirkliche Verbrechen angesehen wurden.

Sacher-Masoch wurde zu 2 Monaten, Schwartz zu 2 ½ Monaten und die Sekundanten zu 1 Monat bzw. 1 ½ Monaten strengem Arrest verurteilt.

Die Duellwaffen wurden dem Museum vom Grazer Landesgericht für Strafsachen zur Verfügung gestellt, sind jedoch heute leider nicht mehr vorhanden.

A. N.

Abb. 28 (rechts): Alexander von Sacher-Masoch in späteren Jahren (Foto Dokumentationsstelle für neuere österreichische Literatur)

29. „Weils nur hin ist das Rabenvieh..."

Die Worte „Mutter hilf" rufend, eilte Katharina Zöhrer ihrer Mutter, die aus-
gezogen war, Hilfe zu holen, entgegen. Sie verfolgend stürmte ihr Gatte,
von dem sich scheiden zu lassen sie im Begriffe war, heran, mit einer
Pistole in der erhobenen Hand. Insgesamt vier Schüsse gab Karl Zöhrer auf
seine Gemahlin ab, von denen einer ihren Kopf am linken Scheitelbein
streifte, ein zweites Geschoss drang in den linken Brustraum ein, das dritte
traf sie im Herzen und das vierte drang in die Leber. Die zusammenbre-
chende Tochter in die Arme schließend wandte sich die entsetzte Theresa
Straßmayr an ihren Schwiegersohn: „Karl, was hast denn davon!" „Weil's
nur hin ist das Rabenvieh, die Hur, die gottverdammte!", entgegnete dieser
nur und stürmte davon.
Die Tat geschah am 3. Juli 1924 in Christkindl, Gemeinde Garsten, in
Oberösterreich; nach ihrer Verübung fuhr der Täter auf seinem Motorrad
nach Garsten, wo er seinem Vater von dem Verbrechen erzählte und sich
dann der Gendarmerie stellte. Karl Zöhrer gab an, er sei zur Zeit der Tat-
verübung in nicht zurechenbarer Verfassung gewesen: Im Ersten Weltkrieg
sei er mehrmals verwundet worden, unter anderem auch am Kopf, seither
sei er sehr leicht erregbar, vor allem nach dem Genuss von Alkohol, und vor
der Tat habe er einen Liter Bier konsumiert.
Unmittelbarer Auslöser war ein der Untat vorausgegangener Streit zwischen
Zöhrer und seiner Frau, in dem es um die Aufteilung des vorhandenen Ver-
mögens im Rahmen der von beiden betriebenen Ehescheidung ging. Derartige Auseinandersetzungen hatte es allerdings schon längere Zeit häufig
gegeben, und mehrere Zeugen gaben an, dass Karl Zöhrer schon des Öfteren mit dem Erschießen seiner Frau gedroht hatte.
Die Staatsanwaltschaft Steyr bestritt, dass der Täter in einem Geisteszustand gehandelt hatte, der eine strafrechtliche Verantwortung ausgeschlossen hätte, da er – mit den eingangs wiedergegebenen Worten – seiner
Befriedigung über den Erfolg seiner Tat Ausdruck gegeben hätte und schon
über längere Zeit hinweg seiner Frau angedroht hatte, sie zu erschießen.
Ein Sachverständigengutachten räumte zwar ein, dass die Tat zweifellos in
einem Erregungszustand verübt wurde, verneinte aber das Vorliegen einer
die strafrechtliche Verantwortlichkeit aufhebenden Geistesstörung.
Von der Staatsanwaltschaft Steyr wegen Mordes nach den §§ 134, 135
Z. 4 StG (Anklageschrift St 1154/24) angeklagt, wurde Karl Zöhrer nach

dem Strafverfahren (Vr VI 486/24) wegen Totschlags nach den §§ 140 und 142 StG zu 7 Jahren schweren Kerkers, verschärft durch einen Fasttag vierteljährlich und Dunkelhaft am 3. Juli jeden Jahres, verurteilt. Sechs der zwölf Geschworenen verneinten das Vorliegen einer Tötungsabsicht, die Frage nach Totschlag wurde jedoch einstimmig bejaht.

Ch. B.

Abb. 29: Schädeldecke der von ihrem Ehegatten getöteten Katharina Zöhrer; deutlich ist der Schusskanal zu sehen, den das eindringende Geschoss in den Knochen gefräst hat (Foto Jürgen Tremer)

30. Ein „schwaches Weibl" mit Zivilcourrage

Der im Jahre 1925 37-jährige Ludwig Moschner und seine Ehefrau, die 24-jährige Margarethe Moschner, waren beide morphiumsüchtig, wobei Ludwig Moschner körperlich so heruntergekommen war, dass er bereits seinen Arbeitsplatz verloren hatte. Das Ehepaar Moschner gab beträchtliche Summen für Morphium und Raucherwaren aus, wodurch sie bald in große wirtschaftliche Schwierigkeiten gerieten.

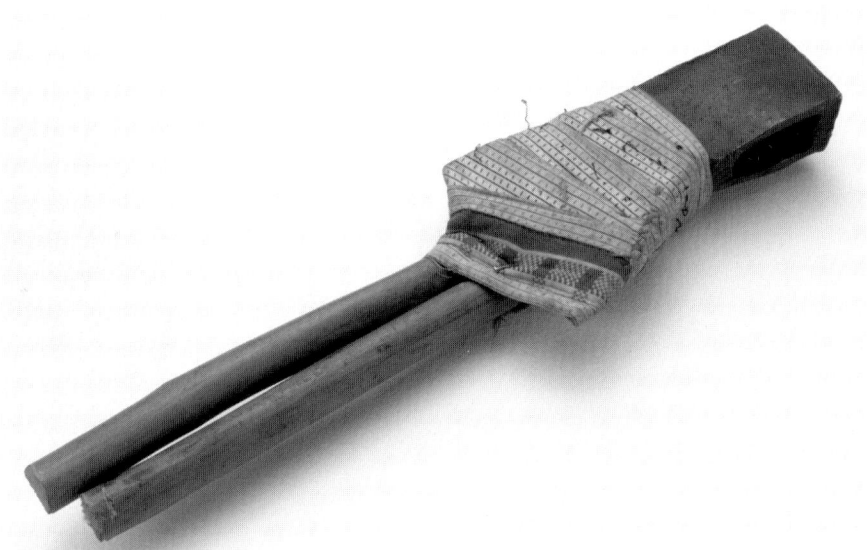

Abb. 30a: Beim Einbruch in die Trafik verwendetes selbst verfertigtes Schlagwerkzeug (Foto Jürgen Tremer)

Aus diesem Grund kam den beiden die Idee, in ein Geschäft, in dem sie große Mengen Bargeld vermuteten, einzubrechen, um so ihre Sucht auch weiterhin finanzieren zu können.

Eine andere Idee der beiden war auch der gemeinsame Selbstmord; schließlich entschieden sie sich doch für die erste Variante.

Als Opfer wurde die 60-jährige Trafikantin Maria Rühr-Rührenfeld, bei der Margarethe Moschner des Öfteren eingekauft hatte, ausgewählt. Um nicht erkannt zu werden, stellte das Ehepaar aus einem Haarbüschel der Margarethe Moschner einen Bart her. Aus einem eisernen Hackenkopf und Teilen eines zerbrochenen Spazierstockes wurde ein zur Betäubung des Opfers geeignetes Werkzeug hergestellt. Die Tat wurde für den 25. Mai 1925 um

Abb. 30b: Der aus dem Haupthaar der Gattin des Täters hergestellte falsche Bart (Foto Jürgen Tremer)

7.00 Uhr früh geplant. Knapp davor hatte Ludwig Moschner auf einmal Zweifel, „ob er nicht zu schwach sein werde, den Plan auszuführen", wurde jedoch von seiner Frau Margarethe in seinem Vorhaben bestärkt, indem sie ihn aufmerksam machte, dass die Rührfeld nur ein „schwaches Weibl", er dagegen ein Mann sei, und sie trieb ihn mit den Worten „Jetzt haben die Anderen noch zugesperrt, jetzt ist der einzige Augenblick!" zur Tat.

Ludwig Moschner betrat die Trafik mit einer Handtasche und dem Schlagwerkzeug unter dem Arm und verlangte eine Schachtel Zünder. Genau in dem Augenblick, als ihm die Trafikantin die Zünder reichte, schlug er ihr mit

115

der Hacke kräftig auf den Kopf, sodass die Getroffene zusammensank. Es gelang ihr jedoch, sich an einem Sessel festzuhalten, und sie begann laut um Hilfe zu schreien. Ludwig Moschner sprang zur Ladentür, sperrte sie von innen zu und eilte mit dem Ausruf „Heute ist dein letztes Ende!" zu seinem Opfer zurück, ergriff die am Ladentisch gebliebene Hacke und holte zum neuerlichen Schlag aus. Im letzten Augenblick gelang es der Trafikantin, Ludwig Moschner die Hacke zu entreißen und ihn zu Boden zu werfen. Nun stürzte sich dieser auf die Trafikantin und wollte sie unter Würgen gegen die in die Wohnung führende Tür drängen. Die geistesgegenwärtige Frau wehrte sich, und es gelang ihr, den Beschuldigten durch einen Fußtritt gegen den Ladentisch zu stoßen, wobei sie den Augenblick nützte, um an ihm vorbei zur Ladentüre zu fliehen, die sie aufsperren wollte. Moschner versuchte dies zu verhindern, und es kam in unmittelbarer Nähe der Ladentür zu einem neuerlichen Ringen, in dessen Verlauf die Glastüre in Scherben ging. Durch das entstandene Loch floh Ludwig Moschner ins Freie und begann ruhigen Schrittes, als ob nichts gewesen wäre, davon zu gehen. Die Trafikantin eilte ihm jedoch blutüberströmt nach und schrie um Hilfe. Nun wurde Moschner nervös und begann zu laufen, wobei er noch daran dachte, sich schnell den falschen Bart herunter zu reißen. Er konnte glücklicherweise von Passanten aufgehalten und der Gendarmerie übergeben werden. Ludwig Moschner war seiner Tat im Wesentlichen geständig. Seine Frau stellte jede Anschuldigung und sogar die Mitwisserschaft in Abrede, wurde jedoch von Ludwig Moschner auf der Polizeidirektion Graz schwer belastet.

Unglaublicherweise wurden beide Beschuldigten freigesprochen, da sie zum Zeitpunkt der Tat an einer „Sinnesverrückung" gelitten hätten. Über den Prozessverlauf ist jedoch nichts Genaues bekannt, da nur die Anklageschrift und kein Urteil vorhanden ist. Dass es zu einem Freispruch kam, konnte nur der im Museum befindlichen Karteikarte entnommen werden.

A. N.

31. Ein Doppelleben mit tragischem Ende

Folgender Fall hat sich im Jahre 1928 in der Anstalt des Städtischen Armenhauses in Graz zugetragen:

Am 15. März 1928 um 15.00 Uhr klopfte die Tochter des Anstaltsdirektors Frieda Moser an die Wohnungstüre des Anstaltspfarrers J., da sie bei diesem eine Mathematik-Nachhilfestunde nehmen wollte. Der Pfarrer öffnete jedoch nicht. Als er auch auf nochmaliges Klopfen nicht reagierte, holte das Mädchen die 78-jährige Tante des Pfarrers, welche seine Wirtschaft führte. Kurz darauf kam auch noch der Hilfsmesner dazu, der den Pfarrer zu einem Begräbnis abholen wollte. Dieser vermutete sogleich etwas „Schlimmes" und brach darauf die Tür zu der Wohnung des Pfarrers auf.

Sie fanden den Pfarrer an einer um den Hals geschlungenen Kette aufgehängt, welche am Türstock an einem Haken befestigt war. Höchst merkwürdig war die Aufmachung des Pfarrers, er trug ein Damenkleid, ein Paar Ohrringe und einen Nasenring. Frieda Moser und die Tante des Pfarrers nahmen dem Pfarrer die Ketten ab, welche er um Füße, Hände und um die Mitte geschnürt hatte, worauf der leblose Körper auf den Boden fiel. Der Hilfsmesner lief zum Anstaltsdirektor Moser und schrie: „Der Pfarrer ist ermordet worden!" Der Anstaltsdirektor verständigte daraufhin sofort die Polizei.

Es stellte sich jedoch relativ schnell heraus, dass es sich in diesem Fall um keinen Mord handelte. Vielmehr ergaben die Recherchen der Polizei, dass sich der Pfarrer jeden Nachmittag zwischen 13.00 und 15.30 Uhr in seiner Wohnung einsperrte und seine, wie er sagte, „Siesta" hielt. Er war während dieser Zeit für niemanden erreichbar, denn sogar der Telefonhörer wurde abgenommen und neben den Apparat gelegt. Als Grund für diese lange Mittagspause gab er an, er müsse am Nachmittag schlafen, damit er um 5 Uhr morgens bei der täglichen Morgenmesse ausgeschlafen sei.

Wie sich nach seinem Tod anhand der gefundenen Kleidungsstücke und Fotos zeigte, hatte der Pfarrer während dieser Zeit die feminine Seite in sich ausgelebt. Er zog die verschiedensten Frauenkleidungsstücke an, hängte sich an die bereits erwähnte Kette, betrachtete sich dabei in einem gegenüber aufgehängten Spiegel und verschaffte so seinen ausgefallenen und ungewöhnlichen sexuellen Begierden Befriedigung.

Um sicher zu gehen, dass ihn bei seinen sexuellen Spielen keiner beobachten konnte, hatte er die Fenster mit schwarzem Karton verdunkelt und

auch das Schlüsselloch zugeklebt. Offiziell verwendete er dieses Zimmer als Dunkelkammer. Bei diesen Tätigkeiten hat sich der Pfarrer auch mehrmals mittels Selbstauslöser fotografiert. In einem Schrank des Pfarrers wurde ein ganzes Album mit derartigen Fotos gefunden.

Des Weiteren fand man unter anderem: Frauensteckkämme, Haarnadeln, verschiedene Damentoiletteartikel, Perlenketten, Ohrgehänge, einige Präservative, eines davon anscheinend gebraucht und wieder zusammengerollt, 18 Büstenhalter, 37 Damenkleider, einen Kimonomantel, sieben „Putzschürzerl", 12 Mieder, einige Damenunterröcke und Damenunterhemden, ein Spitzennachthäubchen, Perücken, ein Paar künstliche Mammae, eine Schachtel mit Monatsbinden und zwei Monatsbindengürtel , einen Gummiballon mit Spritze, Bücher über „Die Schönheitspflege der Damen", ein Buch des Grazer Psychiaters Krafft-Ebing mit dem Titel „Psychopathia Sexualis" – und Ähnliches mehr.

Keine der befragten Personen hatte von der sexuellen Veranlagung des Pfarrers auch nur die geringste Ahnung. Der Anstaltsdirektor berichtete von verschiedenen Gesprächen mit seinem Freund J. über den Geschlechtsverkehr mit Frauen, wobei dieser immer wieder beteuert hätte, keinerlei sexuelle Bedürfnisse zu haben. Wo sich der Pfarrer die unzähligen Frauenkleidungsstücke beschafft hat, geht aus den Akten nicht hervor.

Das Fotoalbum und ein Foto des Pfarrers, dem seine verhängnisvollen, geheimen Sexualpraktiken den Tod durch Selbststrangulierung gebracht hatten, befinden sich im Besitz des Kriminalmuseums.

A. N.

Abb. 31a (links): Pfarrer J. als Frau verkleidet (Foto Kriminalmuseum)

32. Sparkassenüberfall in Schwanenstadt/OÖ

Der 20-jährige, ledige und bisher unbescholtene Zahntechniker Karl Graml aus Salzburg und sein um sechs Jahre älterer, ebenfalls unbescholtener Onkel Franz Kleinmond, Elektriker in der Gemeinde Wolfsegg in Oberösterreich, machten sich am 20. August 1936 mit einer mit acht Patronen geladenen Pistole, weiters mit einer aus einem Fahrradmantel selbst gebastelten Gummiwurst und einer Wäscheleine zum Fesseln allenfalls widerstrebender Personen auf den Weg, um die Sparkasse in Schwanenstadt zu überfallen, wo sie etwa 25.000 Schilling zu erbeuten hofften. Sie hatten vorsorglich den amtierenden Sparkassenleiter telefonisch unter dem Vorwand, er solle zum Produktenhändler Rothauer kommen, weggelockt.

Der Onkel stand vor der Sparkasse Schmiere – neben den zwei Fahrrädern, mit denen sie angereist waren –, während der Neffe im ersten Stock dem pensionierten Amtsleiter Max Wagner, der gerade im Kassenraum seine Korrespondenz erledigte und Graml auf dessen Klopfen hin öffnete, nicht nur ein „Hände hoch!", sondern auch die Gummiwurst an den Kopf schleuderte. Wagner schrie, die Hiebe mit den Händen abwehrend, um Hilfe. Dabei löste sich ein Schuss aus der auf ihn gerichteten Pistole und traf ihn am Hals. Die Ehegattin Wagners eilte, durch den Lärm alarmiert, aus ihrer Wohnung im zweiten Stock herbei – Graml schlug auch auf sie ein und flüchtete dann ohne Beute auf dem Fahrrad in Begleitung seines Onkels.

Der Schuss hatte den pensionierten Sparkassenleiter zum Glück nicht lebensgefährlich verletzt, und auch die Rissquetschwunden am Kopf und die Blutunterlaufungen an seinen Händen sollten bald heilen.

Damit jedoch nicht genug. Etwa vierzehn Tage später versuchte Karl Graml wieder, zu schnellem Geld zu kommen: Bei Wolfsegg verübte er einen Einbruchsdiebstahl, bei dem er außer 10 Schilling in bar noch ein Sparkassenbuch der Sparkasse Bad Ischl mit einer Einlage von 260 Schilling erbeutete, wovon er 220 Schilling behob und gleich verbrauchte.

Beide Verbrechen wurden durch Zeugenaussagen rasch aufgeklärt. Da Graml bisher unbescholten und voll geständig war, den Schaden wieder gutmachen konnte und von seinem Arbeitgeber als ein „in jeder Weise lobenswerter Arbeiter" bezeichnet wurde, den er trotz der schweren Verfehlungen nach Verbüßung der Strafe wieder zu sich nehmen wolle, trug der Schwurgerichtshof bei der Bemessung der Strafe besonders dem Besserungszweck Rechnung und verurteilte den reumütigen jungen Mann zu nur zwei Jahren schweren Kerkers – „damit er durch eine zu lange Freiheitsstrafe nicht dem bürgerlichen Leben dauernd entfremdet werden solle". In der Anklageschrift (Kreisgericht Wels als Schwurgericht, 10 Vr 1417/36-66) wird erstaunlich verständnisvoll bemerkt, dass „Karl Graml als kaum 20 jähriger, sichtlich abenteuerlich veranlagter junger Mann zweifellos dem Einfluß der Lektüre von Kriminalromanen und der Einwirkung schlechter Filme erlegen ist, wodurch er in seinem Wunsch zu Geld zu kommen, um in das weitere Ausland reisen zu können, auf die Bahn des Verbrechens kam". Über Berufung der Staatsanwaltschaft Wels wurde seine Strafe vom OLG Wien allerdings auf drei Jahre erhöht, verschärft durch einen Fasttag und ein hartes Lager vierteljährlich. Franz Kleinmond, der zwar an der Planung des Raubes beteiligt, aber seine aktive Mitwirkung daran versagt und auch nur den einen Fehltritt begangen hatte, kam zuerst mit eineinhalb Jahren schweren Kerkers davon, doch wurde auch seine Strafe auf zwei Jahre – mit denselben Verschärfungen wie oben – erhöht.

I. G.

33. Mord an der schwangeren Geliebten

Schwammerlsucher in einem Wald in der Gegend von Vorau hinderten im Juli 1937 den 27-jährigen Grundbesitzerssohn Johann Fuchs daran, sein Vorhaben durchzuführen, sich der 32-jährigen, von ihm hochschwangeren Juliana Frauenthaler zu entledigen. Er hatte mit der Frau schon ein Kind, für das er nur sehr nachlässig Alimente zahlte, und nun hätte er auch noch für ein weiteres aufkommen sollen – außerdem war ihm die Frau „zu grantig", wie er später aussagte. Am Sonntag, dem 1. August 1937, ging er am Vormittag in die Kirche und traf sich am Nachmittag wieder mit Juliana im Wald, hoffend, dass er diesmal Gelegenheit haben werde, sie zu ermorden. Wieder machte sie ihm Vorwürfe, dass er auch ein Verhältnis mit der 20-jährigen, also jüngeren und obendrein hübscheren Maria Faustmann habe. Dies entsprach den Tatsachen, jedoch bestritt er es. Er richtete es nun so ein, dass sein ahnungsloses Opfer vor ihm zu gehen kam, und gab aus einer Entfernung von etwa einem halben Meter fünf Revolverschüsse in Richtung Hinterhaupt und Nacken der Frau ab. Nur der Schuss in den Hals traf die Besitzerstochter lebensgefährlich. Sie versuchte zu fliehen, kam noch etwa 60 Meter weit, strauchelte dann und wurde von Fuchs eingeholt. Er schleifte sie über den mit dornigen Pflanzen bewachsenen Waldboden, schlang der noch atmenden Frau den Kälberstrick, den er für diesen Zweck mitgenommen hatte, um ihren Hals und hängte sie an einer Birke auf. Der Tod trat durch Zusammenwirken der schweren Halsschussverletzung und der Strangulierung ein.

Etwa 48 Stunden später wurde die Leiche gefunden. Die Obduktion ergab unter anderem, dass das Kind im Leib der Ermordeten männlichen Geschlechts und bereits 46 cm lang war. Die Gendarmerie stellte anlässlich der Hausdurchsuchung bei Johann Fuchs das bei der Tat getragene blutige Hemd, dessen Manschetten abgerissen waren, ein blutiges Taschentuch und eine blutbefleckte Weste sicher. Als er verhaftet wurde, hatte er in seiner Hosentasche die verräterischen Manschetten. Er warf sie in den Gendarmerie-Abort, wo sie gefunden wurden – ein Knopf daran fehlte. Er war im Haar der Leiche hängen geblieben, als Fuchs ihr den Strick über den Kopf gezogen hatte.

Es ist vielleicht auch die – farblich doch recht bunt zusammengewürfelte – Bekleidung der Ermordeten von Interesse:

Abb. 33a: Johann Fuchs mit Arbeitsschürze (Foto Kriminalmuseum)

Abb. 33b: Der Leichnam der hochschwangeren Juliana Frauenthaler (Foto Kriminalmuseum)

Schwarze Halbschuhe, braune Baumwollsocken, eine dunkelblaue „Lister-schürze" (Anmerkung: Lüster ist ein stark glänzender Kleiderstoff), ein weißes Leinenhemd mit der „Merke J", ein blaues, rot-gelb geblümtes Kleid und ein grau-rot karierter Steirerjanker mit Edelweißblechknöpfen und grünem Kragen.

Das Gericht (Vr 2716/37-14, Standgericht des Landesgerichtes für Strafsachen Graz) hegte keine Zweifel an der Zurechnungsfähigkeit des Täters. Er wurde des Meuchelmordes für schuldig befunden. Die Strafe nach § 442 StPO: Tod durch den Strang.

Gendarmen des Postens Vorau, die das neu gestaltete Kriminalmuseum 2003 besuchten, kannten den Fall bereits aus ihrer Gendarmeriechronik. Im Juli 2004 übersandten sie dem Museum das tödliche Projektil und stellten sowohl Kopien aus der Gendarmeriechronik als auch der Illustrierten Kronenzeitung vom 11. August 1937 zur Verfügung. In dieser wird ausführlichst – mit Zeichnungen aus dem Gerichtssaal und einem Foto – über den Mord berichtet. Aus ihr stammen folgende Zitate:

Vorsitzender: Sie sind zum Tod verurteilt worden. Ich mache Sie aufmerksam, daß es gegen ein Urteil des Standgerichtes kein Rechtsmittel gibt. Das Urteil ist um 11 Uhr 3 Minuten verkündet worden. Es ist in zwei Stunden zu vollstrecken, wenn nicht um eine dritte Stunde angesucht wird.
Verteidiger: Ich bitte um eine dritte Stunde.
Vorsitzender: Sie wird gewährt. Ich mache Sie aber aufmerksam, daß ein Gnadengesuch keine aufschiebende Wirkung hat. Der Angeklagte ist abzuführen...

Hinrichtung – vollzogen.

Graz, 9. August. (Amtlich.) Die Hinrichtung des Mörders Fuchs wurde um 14.03 Uhr vollzogen.

Das Henkersmahl.
Graz, 9. August (Eigenbericht.)
Fuchs hat die Stunden bis zur Hinrichtung vollkommen ruhig verbracht. Er ließ sich aus einem Gasthaus ein reichliches Mittagessen, bestehend aus Nockerlsuppe, Schweinsbraten mit gerösteten Kartoffeln und Endiviensalat bringen, das er mit gutem Appetit verzehrte. Dazu trank er ein Glas Wein.

I. G.

34. Diebshöhlen im Rabenwald

Im März 1939 entdeckte ein Jäger in der Nähe von Pöllau im verschneiten Wald die Fußspur eines Mannes, der seine Schuhe mit Fetzen umwunden haben musste. Sie führte zu einer etwa zwei Meter breiten, künstlichen Höhle, die fachgerecht mit Rundholz ausgezimmert war. Hier fand der Jäger, weitab vom Verkehr, eine Unmenge von Lebensmitteln, Krampen, Bohrer, Feilen, einen Rechen, nicht weniger als 20 Dietriche, einen eisernen Spitz, der Blutspuren aufwies, einen Frauenmantel, eine Uhr und die Überreste einer Hühnermahlzeit.

Dort lagerten auch alle Gegenstände, die im Jänner desselben Jahres der Landwirtin Johanna Lehrhofer vulgo Eckhanni in ihrem abgelegenen Haus

Abb. 34a: Zifkovic, einer der beiden Diebsgesellen und Höhlenbewohner vom Rabenwald (Foto Kriminalmuseum)

bei einem Raubüberfall gestohlen worden waren: eine Mehlbutte, Geschirr und ihre Geldbörse mit 2.60 RM. Der von ihren Nachbarn blutüberströmt aufgefundenen Frau war damals von unbekannten Tätern mit einem Kartoffelstampfer oder Krampen so schwer auf den Kopf geschlagen worden, dass sie etwa 30 Stunden bewusstlos und etwa 30 Tage lang arbeitsunfähig gewesen war.

In der Höhle gefunden wurde auch ein aus Säcken und Stroh bereitetes Bett. Nicht weit davon entfernt entdeckte der Jäger zwei weitere künstliche Höhlen mit Strohlager, Brennholzvorräten und Unmengen von umherliegenden Hühnerfedern. Der Bewohner hatte das Weite gesucht und seine Spuren zu verwischen versucht.

Vier Monate später meldete die Gendarmerie Pöllau dem Amtsgericht, dass in der Nacht ein Unbekannter in einen allein stehenden Almstall in der Zeil bei Pöllau eingedrungen sei, einem ca. 300 kg schweren „Zuchtochsen" die Vorderfüße gefesselt, ihm mit einem Messer die Halsschlagader geöffnet, einen rückwärtigen Schlegel

Abb. 34b: „Kaffeebettler" Mesnaric, der zweite Waldmensch (Foto Kriminalmuseum)

fachgemäß samt der Haut ausgelöst und mitgenommen und die übrigen Fleischteile im Stall zurückgelassen habe. Zurückgeblieben sei auch „ein ganz frischer Menschenkothaufen, dessen Untersuchung ergab, daß er von einem Menschen abgelegt worden war, der in letzter Zeit ausschließlich nur von Schwarzbeeren gelebt haben muss." Dem Landwirt sei – laut Gendarmerie – ein Schaden von ca. 400 Reichsmark entstanden. Ein Halterbub, der ca. fünf Wochen vorher von einem etwa 50- bis 60-jährigen, verwahrlost aussehenden Waldmenschen gefragt worden sei, ob das Vieh auch nachts im Stall auf der Alm belassen würde, habe den Mann ziemlich genau beschreiben können.

Dieser Halterbub lieferte der Gendarmerie die entscheidenden Hinweise zur Ergreifung des Täters – und letztlich auch seines Kumpanen.

Wie den Akten, die das Kriminalmuseum besitzt, entnommen werden kann (GZ 21 Vr 195/40: 175), waren der aus Kroatien gebürtige Fleischhauer Johann (Ivan) Meznaric, 72 Jahre, und der sich als landwirtschaftlicher Arbeiter bezeichnende, aus Stinaz im Burgenland stammende Franz Zifkovic, 62 Jahre, in den Jahren vor ihrer Verhaftung in den Bezirken Vorau, Pöllau und Friedberg bettelnd und stehlend umhergezogen, hatten sich ansonsten in mehreren gut getarnten Höhlen aufgehalten und sich in der Nacht alles zum Lebensunterhalt Nötige von den Bauernhöfen geholt. Sie waren auch für den oben erwähnten brutalen Raubüberfall und die Ochsenschlachtung verantwortlich. Den Kroaten kannte man in der Gegend als den „Kaffeebettler": Wenn er von den Bauern den ge-

Abb. 34c: Die Einbruchswerkzeuge der beiden Höhlenbewohner vom Rabenwald (Foto Jürgen Tremer)

128

wünschten Kaffee erhalten hatte, pflegte er sich mit den Worten zu verabschieden: „Vergelte Gott, vergelte Gott!" Wie der langen Liste der gestohlenen Lebensmittel und Gebrauchsgegenstände im Gerichtsurteil zu entnehmen ist, hatten sich die beiden ihren Speisezettel außer mit Hühnern recht oft auch mit Schweinen, Ziegen und Schafen aufgebessert, wobei das Abstechen bzw. Zerlegen der Tiere für den gelernten Fleischhauer Mesnaric sicher kein Problem darstellte.

Außer den Anzeigen findet sich auch eine 29(!)seitige gerichtsmedizinische Untersuchung (samt Gutachten) der auf Säcken in einer der Höhlen gefundenen Bart- und Kopfhaare vor allem des Franz Zifkovic, zu einem kleineren Teil des Johann Meznaric, sowie eines an einem Erdäpfelstampfer vorgefundenen, 297 mm langen Haares, das, wie der Gutachter vermerkte, mit einiger Wahrscheinlichkeit von Johanna Lehrhofer, dem bereits oben erwähnten, brutal zusammengeschlagenen Raubüberfallsopfer, stammte.

Mildernd bei der Strafbemessung war das umfassende Geständnis des Franz Zifkovic, bei beiden Angeklagten das teilweise Zustandebringen der gestohlenen Gegenstände. Erschwerend wirkten sich bei beiden der Gewohnheitsdiebstahl und die Schwere der Verfehlungen aus. Meznaric wurde zu sieben Jahren, Zifkovic zu acht Jahren schweren Kerkers, ergänzt durch ein hartes Lager und verschärft durch „eine Faste vierteljährig", verurteilt. Es wurde für beide Angeklagte die Unterbringung in einem Arbeitshaus nach Verbüßen der Strafe angeordnet.

I. G.

35. Der Musterschüler

Der im Jahre 1940 18-jährige Franz Zweidick aus der Südsteiermark (St. Nikolai im Sausal) war das älteste von fünf Kindern einer Bauernfamilie. Sein Vater war im Pfarrhof angestellt gewesen, jedoch wegen mehrerer klei-

Abb. 35a (links): Der Klosterschüler Franz Zweidick (Foto Kriminalmuseum)

Abb. 35b (rechts) : Von F. Zweidick gefälschtes Zeugnis

Katalog-Nr. *31*   Schuljahr 19 *39*

Jahreszeugnis

Franz

geboren am *23 Sept* 19 *22* zu *Studä i S*

in *Steiermark* , Schüler der *ersten* Klasse

des *IV Bott Oberschule* , erhält über das Schuljahr 19 *38 / 39*

der

nachstehendes Zeugnis:

Betragen *sehr gut*

Verbindliche Lehrgegenstände	Leistungen	Gesamterfolg
Leibeserziehung	*sehr gut*	
Deutsch	*sehr gut*	
Geschichte	*sehr gut*	
Geographie	*sehr gut*	
Kunsterziehung	*sehr gut*	
Zeichnen	*gut*	Der Schüler ist
Naturgeschichte	*sehr gut*	*vorzüglich*
Chemie		geeignet,
Physik	*sehr gut*	in die nächste Klasse
Mathematik	*sehr gut*	aufzusteigen.
Darstellende Geometrie		
Lateinische Sprache	*sehr gut*	
Griechische Sprache	*gut*	
Philosophischer Einführungsunterricht		
Konfessionsunterricht	*sehr gut*	

OS 6. Auslaufende Klassen der höheren Schulen f. Jungen. Jahreszeugnis. Österr. Landesverlag, Wien. Bl. 156 39. — Druck: Josef Müller, Wien 27.

131

ner Diebstähle entlassen worden. Nach dem Besuch der Volksschule besuchte Franz Zweidick, der sehr klerikal geprägt war und immer den Priesterberuf vor Augen hatte, das Gymnasium des Franziskanerklosters, musste dieses aber wegen diebischer Verfehlungen verlassen und kam danach ins Schülerheim des Minoritenklosters. Nachdem dieses aber aufgelöst worden war, wechselte er in ein NS-Schülerheim in Graz. Im Februar 1940 stahl er einem Klosterbruder aus einer versperrten Kasse und einer Lade 110 und 80 RM, wovon er nur 10 RM zurückzahlen konnte, da er den Rest mit Mädchen im Theater und in Gasthäusern durchgebracht hatte. Beim Turnen versteckte er die Uhr eines Mitschülers, um sich diese danach anzueignen. Einige Zeit später stahl er auf der Straße ein Fahrrad und behauptete, er hätte es von einer Frau geschenkt bekommen. Einem Mitschüler entwendete er eine Kleiderkarte, um sich neu einzukleiden, denn er wurde wegen seiner alten Hosen ständig geneckt. Beim Täter wurde auch ein Stempel „Franz Zweidick, Stammführer der HJ, Graz, Neubaugasse 12" gefunden, obwohl er nie der HJ angehörte. Franz Zweidick hatte sich auch wegen mehrfacher Urkundenfälschung zu verantworten. Die ursprünglichen, nicht gerade guten Zeugnisnoten wurden mittels Tintentod entfernt und bis auf wenige Ausnahmen durch „sehr gut" ersetzt. Um dem Ganzen einen noch glaubwürdigeren Anstrich zu geben, fügte er auch lobende Bemerkungen über seine Person ein, z. B. „Der Schüler ist Vorbild der ganzen Klasse." Im Halbjahreszeugnis der II. Klasse des Staatsgymnasiums hob er besonders hervor, dass er der Liebling aller Patres sei, weiters brachte er im Schulzeugnis der IV. Klasse die Bemerkung an: „Der Student hat sich während des Schuljahres im Kloster vorbildlich aufgeführt, der Konvent ist sehr zufrieden mit ihm." Als Motiv für seine Taten gab er an, er wollte einerseits in Pfarreien Unterstützung erreichen und andererseits bei Bekannten, insbesondere bei seiner Freundin Josefine Moritz, einen guten Eindruck machen.

Der Übeltäter wurde zu 4 Monaten strengem Arrest verurteilt.

A. N.

Abb. 36a: Das Haus Josefigasse 27, Graz, in welchem Johann Front ermordet wurde (Foto Kriminalmuseum)

36. Die Leiche im Koffer

Starker Verwesungsgeruch schlug der Besitzerin des Hauses Josefigasse 27 in Graz, der Branntweinhändlerin Franziska Ziehensack, im August 1942 entgegen, als sie nach einer Woche Abwesenheit heimkehrte. Sie öffnete sämtliche Fenster und durchsuchte vergeblich das Gasthaus im Parterre nach Fleischresten. Als sie auf ihrer weiteren Suche nach der Quelle des Gestanks das an den 19-jährigen, recht gewissenhaften, sparsamen Friseurgehilfen Johann Front und dessen 21-jährigen Berufskollegen Paul Zbogar vermietete Mansardenzimmer im zweiten Stock betrat, schwirrten ihr Tausende Fliegen entgegen – mitten im Raum stand in einer größeren, vertrockneten Blutlache ein Holzkoffer, 100 x 53 x 53 cm groß, bedeckt mit Tuchenten und Bettwäsche, von dem der widerliche Geruch ausging. Die

Mordkommission fand darin den mit einer Rebschnur zusammengeschnürten, mit einem Stoffstreifen erdrosselten und bereits in starker Verwesung befindlichen Körper des Johann Front. Das Gesicht des Ermordeten war aufgedunsen, die Zunge stark aus dem Mund hervorgetreten. Seine Habseligkeiten und Wertgegenstände fehlten. Die unterhalb des Zimmers wohnende Hausfrau wusste zu berichten, dass sie in der Nacht vom 15. auf den 16. August 1942 einen „Pumser" gehört habe, daraufhin nach Front gerufen, aber Zbogar im Stiegenhaus geantwortet habe, Front habe einen Rausch. Als am nächsten Morgen Front von seiner Mutter und seinem Meister gesucht wurde, fanden sie im Zimmer nichts Auffälliges, außer die in Briefen an den Meister und die Schwester des Front gerichtete Mitteilung, dass Front und Zbogar nach Italien geflohen seien. Darauf erstattete der Meister Anzeige gegen seine beiden Angestellten wegen Abgängigkeit und Arbeitsvertragsbruches; die Wohnungsgeberin fuhr auf Urlaub.

Wie die späteren Erhebungen ergaben, hatten Paul Zbogar, der 21-jährige Zimmerkollege des Ermordeten, und der gleichaltrige Arbeitslose Franz Koren die Tat verübt. Beide Täter waren homosexuell und verdingten sich als „Strichjungen". Die kriminologische Untersuchung ergab, dass das Opfer vor der Ermordung nicht vergewaltigt worden war. Koren hatte sein Opfer überredet, ihn bei sich und Zbogar, wieder einmal ohne Wissen der Wohnungsgeberin – gemeinsam in einem Bett mit Zbogar – übernachten zu lassen. Im Zimmer kam es allerdings zu einem heftigen Kampf: Front wurde von den beiden überwältigt und erdrosselt. Der zuerst als Versteck ausgedachte Kleiderschrank war zu eng, daher stopften die Mörder die Leiche in den Koffer. Mit einer beschmutzten Unterhose des Front reinigte Koren den Boden von Speichel und Blut. Nach der Tat forderte Koren Zbogar auf, ihn zu rasieren, was dieser ablehnte – woraufhin Koren die Rasur selbst vornahm. Danach zog er mehrere Hemden und Unterhosen des Opfers übereinander an. Endlich war er auch im Besitz der Schuhe und des neuen Anzugs von Front – schon einmal hatte er sich für einen Kinobesuch von Front Anzug und Schuhe ausgeborgt.

Dann schrieb Koren die Briefe an die Schwester und den Meister, um den Mord zu vertuschen und einen Vorsprung auf der Flucht zu haben.

Abb. 36b (rechts): Der grausam ermordete Johann Front, in einen Koffer gepresst (Foto Kriminalmuseum)

Koren sprach Kroatisch und Deutsch. Er war als Kind vernachlässigt worden und ein sehr schlechter Schüler gewesen. Er litt an chronischem Geldmangel, da er nur gelegentlich arbeitete, verübte Diebstähle und erpresste seine wechselnden Geliebten. Einmal bestahl er einen Kameraden, obwohl ihm dieser Essen und Übernachtung in einem Hotel bezahlt hatte. Oft übernachtete er auch im Freien. Er hatte in einem in Kroatisch abgefassten Brief an Zbogar angekündigt, dass er die Absicht habe, „einen auszuziehen", damit „er sich ankleiden könne" – dies bedeutet in der Gaunersprache, einen Raubmord begehen zu wollen.

Koren war tatsächlich die treibende Kraft für den Mord an Front gewesen. Das Gericht schenkte Zbogars Darstellung des Tathergangs mehr Glauben, da er, wie in den Akten lobend erwähnt wird, immerhin fleißig als Friseur gearbeitet und auch Geld erspart hatte, sich an sich gut mit Front vertragen hatte und wohl schon früher Gelegenheit gehabt hätte, Front zu bestehlen.

Der deutschen GESTAPO (die sich laut der Karteikarte im Besitz des Museums „vor allem für politische Verbrechen interessierte") passierte bei diesem Fall ein schwerer Lapsus: Sie hatte zwar

Abb. 36c: Der 19jährige Johann Front zu Lebzeiten (Foto Kriminalmuseum)

die beiden wegen Arbeitsvertragsbruches einen Monat lang inhaftiert, sie aber entlassen, ohne im Fahndungsblatt nachzusehen, in welchem sie schon wegen Mordes ausgeschrieben waren. Am 21.10.1942 wurden schließlich beide Täter mit gefälschten Dokumenten in Innsbruck verhaftet.

Das Sondergericht bei der Staatsanwaltschaft Graz verhängte über beide Angeklagte die Todesstrafe (KLS 180/42). Die Rechtskraft trat am 24.11.1942 um 13 Uhr mit der Verkündigung des Urteils ein.

Die im Akt nach Angaben des gut informierten Arbeitgebers und Friseur-
meisters aufgelisteten, fehlenden persönlichen Besitztümer des Ermordeten gewähren einen Einblick in die Lebensumstände eines für die Kriegszeit
recht ordentlich ausgestatteten Friseurgehilfen: „Ein Barbetrag von ca. 150
RM, ein hellgrauer, kleinkarierter Anzug mit hellen Streifen, Größe 44, ein
graublaues Sakko mit hellen Streifen, ein heller Seidenballonmantel mit
Gürtel, ein hellbrauner Hut mit weißer Schnur, ein Paar braune, neue
Haferlschuhe grün eingefaßt, Nr. 42, ein blauer gestrickter Pullover und
eine ebensolche Weste, 5 verschiedene Herrenhemden, 2 weiße kurze und
3 weiße lange Unterhosen, mehrere verschiedene Socken und Taschentücher ohne Merke. Ferner ein Photoapparat Größe: 4:6 1/2 nähere
Bezeichnung nicht bekannt, eine goldene Damenuhr mit Chromgliederarm-
band, eine verchromte Herrenuhr mit Lederarmband, ein goldener Siegel-
ring und 1 brauner Imitationskoffer, Größe 80 x 40 cm."

I. G.

37. Gattenmord

Mit einem kleinen Eisenhammer, der sich nun in der Sammlung des Kriminalmuseums befindet, wurde am 1. März 1943 Melanie Daug von ihrem 29-jährigen Ehemann Bernhard im Schlaf erschlagen.

Das Ehepaar Daug wohnte mit drei kleinen Kindern in einer selbst für die Kriegszeit auffallend mangelhaft eingerichteten Wohnung in der Reiherstadlgasse 8/I in Graz. Die Ehe soll anfangs sehr glücklich gewesen sein. Als Daug jedoch in Deutschland („im Altreich") eine Arbeit annehmen sollte, wollte ihm seine Frau nicht dorthin folgen. Bald gab es schwere Zerwürf-

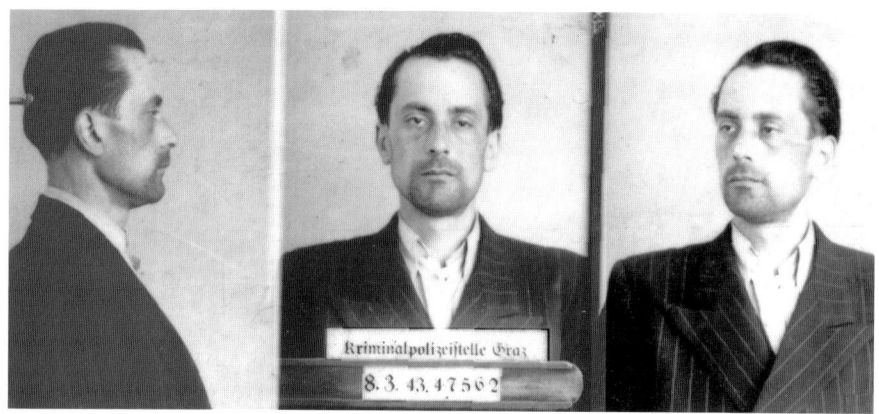

Abb. 37a: Der Gattenmörder Bernhard Daug (Foto Kriminalmuseum)

nisse zwischen den beiden Eheleuten. Die angriffslustige Frau schlug z.B. einmal mit der Faust auf ihren Mann ein, ein anderes Mal mit dem Hammer. Auch eine Vase oder ein Schuhabsatz wurden von ihr zum Zuschlagen benutzt, und sie verletzte ihren Mann nachweislich.

Bernhard Daug war bereits ihr zweiter Ehemann. Er vermutete, dass sie neben ihm weitere Geliebte habe und war sehr eifersüchtig; dies nicht zuletzt aufgrund der Tatsache, dass sie ihn noch während ihrer ersten Ehe mit Tripper infiziert hatte, was einen mehrwöchigen Krankenhausaufenthalt für beide zur Folge hatte – wobei Bernhard wusste, dass sie nicht von ihrem damaligen Mann angesteckt worden war. Während dieses Spitalsaufenthalts wurde ihm von der Nervenklinik „schizoide Psychopathie" attestiert, was seine Frau dazu missbrauchte, ihm wiederholt öffentlich mit der Einweisung in die Nervenklinik zu drohen. Er seinerseits drohte, ihr die Kinder von der Fürsorge entziehen zu lassen.

Die Hausparteien, denen bekannt war, dass die völlig verlausten Kinder vernachlässigt waren, weil sie des Öfteren um eine Semmel oder ein Stück Brot bettelten, verständigten am 2. März nachmittags die Polizei: Es war ihnen aufgefallen, dass die Wohnung der Familie Daug trotz der späten

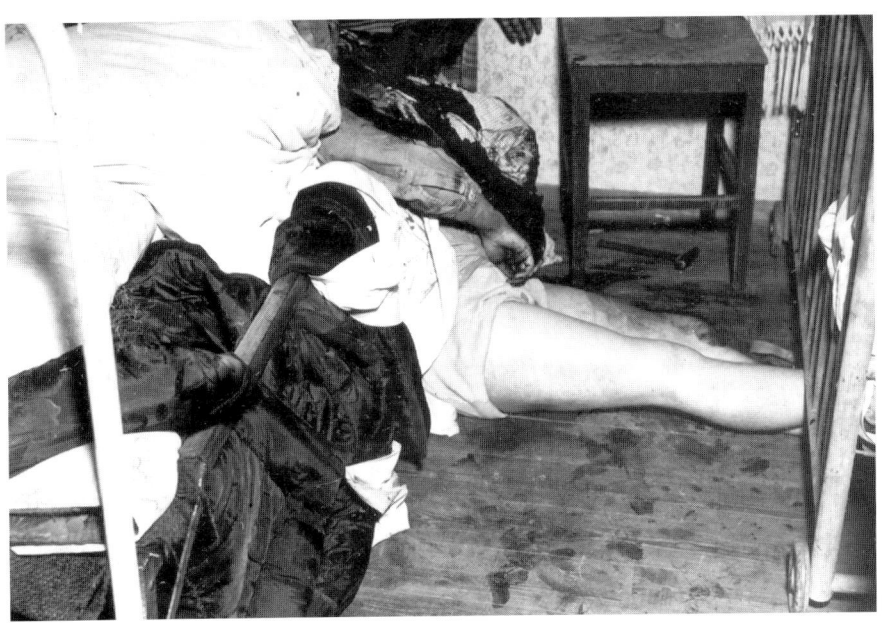

Abb. 37b: Melanie Daug, wie sie von der Mordkommission, halb im Bett liegend, vorgefunden wurde

Tageszeit noch immer verdunkelt war. Nach Öffnung der Tür durch einen Schlosser wurden in der Küche ein drei- und ein vierjähriges, im Kinderzimmer ein zweijähriges Kind weinend angetroffen und auf dem Eisenbett – zwischen Drahteinsatz und Seitenwand eingeklemmt – die halbentblößte Leiche der Melanie Daug aufgefunden. In ihrem Mund steckten Taschentücher und ein Kindersocken als Knebel, um ihren Hals war ein Ledergürtel gewunden, die Schläfen waren mit Blut bedeckt.

Das Gutachten des Gerichtlich-Medizinischen Institutes der Universität Graz ergab, dass Melanie Daug zuerst mit einem Hammer niedergeschlagen und betäubt und dann durch Würgen, Knebeln und Erdrosseln gewaltsam erstickt worden war.

Bernhard Daug wurde einige Tage nach dem grauenhaften Fund von der Militärstreife im Schnellzug auf der Fahrt in seine Heimatstadt Lübeck verhaftet. Er war voll geständig und laut erneutem psychiatrischem Gutachten auch voll für seine Tat verantwortlich.

Das Urteil des „Sondergerichts für den Landbezirk Graz" vom 13. Mai 1943 (KLS 77/43) lautete folgendermaßen:

Im Namen des Deutschen Volkes!

[...]

Der Angeklagte Bernhard Daug wird als Mörder seiner Gattin – unter Verpflichtung zur Tragung der Kosten – verurteilt <u>zum Tode.</u>

Das damals geltende deutsche Recht sah die Enthauptung durch das Fallbeil vor. Da die erste Vollstreckung mittels Guillotine im Grazer Landesgericht erst im August 1943 durchgeführt werden konnte, wurde Bernhard Daug nach Wien überstellt und, wie Recherchen bei den Standesämtern Graz und Wien (mit äußerst hilfsbereiten Beamten) ergaben, nicht in Graz, sondern im Wiener Landesgericht exekutiert, und zwar am 30. Juni 1943. Sein Leichnam ist wohl – wie der anderer Hingerichteter – einem anatomischen Institut zur Verfügung gestellt worden.

Zitate bzw. zusammengefasste Auszüge aus dem Geständnis des Bernhard Daug:

...bis in die letzten Tage vor der Tat habe er noch immer gehofft, dass sie wieder so zu ihm sein werde wie früher, wo sie noch nett zu ihm gewesen sei... Er habe sich in das ganze Leben nicht mehr dreinfinden können, ohne die Frau, und da sei ihm der Gedanke gekommen, mit der Frau aus dem Leben zu scheiden.

„Mit Unterhose, Modehose, 2 Hemden und Socken, deren Unterteil ganz kaputt waren, bekleidet, trat ich mit dem Hammer in der Hand an das Bett meiner Frau, wo ich ungefähr 10 Minuten stand und nochmals über alles nachdachte. Ich fand leider keinen Ausweg."

„Insgesamt dürfte ich meiner Frau 6 Hammerschläge versetzt haben. Ingrid [das zweijährige Kind], die neben ihrer Mutter lag, wurde nach dem dritten Hammerhieb wach und fing zu schreien an." Das Mädchen weckte durch sein Brüllen auch die beiden anderen Kinder. Er trug es zu den anderen beiden in die Küche und sah im Schein der Küchenlampe, dass der Körper seiner Frau „noch Zuckungen aufwies", weshalb er seinen „Hosengürtel vom Körper nahm, der Frau um den Hals gab, ihn vorne übereinander legte und dann zuzog". Etwa zwei Minuten lang schnürte er ihr mit dem Hosenriemen den Hals ab. Darauf ging er in die Küche, „wärmte auf dem Elektroherd ein Kocherl" und gab es dem weinenden Kind. Dann zog er seine beiden blutbefleckten Hemden aus und wusch sich, ging wieder in das Kinderzimmer zurück, „vernahm ein Röcheln", worauf er aus seiner

Abb. 37c: Die Tatwaffe des Bernhard Daug. Seine Frau hatte allerdings mit diesem Hammer zu ihren Lebzeiten auch schon auf ihren Mann eingeschlagen. (Foto Jürgen Tremer)

Hosentasche ein Taschentuch entnahm und es seiner Frau in den Mund steckte. Da sie sich „noch immer zeitweise rührte", nahm er einen im Bette befindlichen Fetzen und steckte auch diesen in ihren Mund. Nunmehr rührte sie sich nicht mehr.

Den Mut zum Selbstmord habe er dann nicht aufgebracht.

Bemerkenswert an diesem Fall ist, dass ein Arzt zwei Tage vor Ausführung der Tat in die Wohnung der Eheleute Daug gerufen worden war, weil Bernhard Daug in einem neuerlichen „Aufregungszustand" verschiedene Einrichtungsgegenstände zertrümmert hatte. Die Frau des Daug hatte vom Arzt die Feststellung gefordert, dass ihr Mann geisteskrank und in eine Irrenanstalt einzuweisen sei, da sie es neben ihm nicht mehr aushalte und sich vor ihm fürchte. Da Bernhard Daug für den Arzt nicht sogleich auffindbar war und dieser sich kein Recht zur Suche nach dem Mann in der Wohnung anmaßte und er ferner von den aufgeregten Hausbewohnern unfreundlich empfangen worden war, erklärte er, dass er, ohne den Patienten gesehen zu haben, kein Urteil über ihn abgeben könne. Er verwies die Hausbewohner an die Polizei, die er auch selbst von dem Vorfall verständigte. Dabei hatte auch Bernhard Daug am selben Abend die Polizei um Schutz vor seiner Frau ersucht! Da der Polizei jedoch die tristen Familienverhältnisse bereits bekannt waren und man die Gefährlichkeit der Situation offenbar nicht erkannte, schritt man nicht ein. Zwei Tage darauf kam es zur Ausführung des Mordes.

I. G.

Abb. 37d (rechts): Bernhard Daug wurde mit diesem Fallbeil im Wiener Landesgericht hingerichtet (Foto: Bildarchiv der Österreichischen Nationalbibliothek)

Einführende Literatur

Archiv für Kriminal-Anthropologie und Kriminalistik, hgg. von Hans Gross und Nachfolgern, Bd. 1. (1898) ff.

BOCK, Michael, Kriminologie als Wirklichkeitswissenschaft (= Sozialwissenschaftliche Schriften 10), Berlin 1984.

BURGHARD, Waldemar ua. (Hgg.), Kriminalistik Lexikon (= Grundlagen. Die Schriftenreihe der „Kriminalistik" 20), 2. Auflage, Heidelberg 1986.

FELTES, Thomas, Kriminologie und Praxisforschung. Probleme Erfahrungen und Ergebnisse, Bonn 1988.

GÖPPINGER, Hans, Kriminologie. Bearb. von Michael BOCK und Alexander BÖHM, unter Mitarb. von Hans-Ludwig KRÖBER und Werner MASCHKE. 5. vollst. neubearb. und erw. Auflage des von Hans Göppinger begr. und bis zur 4. Auflage fortgef. Werkes, München 1997.

GROSS, Hans, Das Kriminal-Museum in Graz, in: Zeitschrift für die gesamte Strafrechtswissenschaft 16 (1896), 74 – 94.

GROSS, Hans, Gesammelte kriminalistische Aufsätze, Bd.1 und 2, Leipzig 1902.

GROSS, Hans, Handbuch für Untersuchungsrichter als System der Kriminalistik, Teil I und II, 6. Auflage, Graz 1914.

GROSS, Hans, Kriminalpsychologie, 1. Auflage, Graz 1898.

HEINRICH, Wolfgang, Meister der Kriminalistik, Berlin 1962.

HUELKE, Hans Heinrich, Spurenkunde. Sicherung und Verwertung von Tatortspuren, 3. Auflage, Hamburg 1965.

JOHNSTON, William, Österreichische Kultur- und Geistesgeschichte. Gesellschaft und Ideen im Donauraum 1848 bis 1938 (= Forschungen zur Geschichte des Donauraumes Bd. I), Wien-Köln-Graz 1972, 107f.

KAISER, Günther, Kriminologie. Eine Einführung in die Grundlagen, 8. Auflage, Heidelberg 1989.

LISZT, Franz von, Hans Groß zum Gedächtnis!, in: Kriminalistische Monatshefte 1 (1927), 25f.

PETRI, Harald u.a. (Hgg.), Kriminalität heute – Ursachen und Bekämpfung (= Schriftenreihe „Praktische Psychologie" 1), Bochum 1977.

HELLMER, Joachim, Kriminalitätsentwicklung und Abwehr in der Demokratie dargestellt an der Bundesrepublik Deutschland, (=Recht und Staat 380); Tübingen 1969.

Kriminalitätsentwicklung und Kriminalpolitik in Österreich, kein Hg. angegeben, Sozialwissenschaftliche Arbeitsgemeinschaft, Wien 1982.

KÜRZINGER, Josef, Kriminologie. Eine Einführung in die Lehre vom Verbrechen. Stuttgart-München-Hannover 1982.

PROBST, Karlheinz / SCHICK, Peter / SUPPANZ, Michael: Hans Gross, in: Kurt FREISITZER u.a. (Hgg.), Tradition und Herausforderung. 400 Jahre Universität Graz, Graz 1985, 211 – 225.

PROBST, Karlheinz, Strafrecht – Strafprozeßrecht – Kriminologie. Geschichte der Rechtswissenschaftlichen Fakultät der Universität Graz, Teil III (=Publikationen aus dem Archiv der Universität Graz 9/3), Graz 1987, va. 33 – 56.

SEELIG, Ernst, Bericht über die Forschungen des Grazer Kriminologischen Institutes, in: Actes du IIe Congrès International de Criminologie, (Paris-Sorbonne, Septembre 1950), Rapports nationaux, Autriche, Paris 1952, 23-35.

SEELIG, Ernst, Hans Groß. Sein Leben und Wirken, in: Zeitschrift des Historischen Vereines für Steiermark 36 (1943), 109 – 120.

SEELIG, Ernst, Lehrbuch der Kriminologie, Graz 1951.

SEELIG, Ernst / WEINDLER, Karl, Die Typen der Kriminellen (= Grazer Kriminologische Schriften 1), Berlin-München 1949.

SONNEN, Bernd-Rüdeger, Kriminalität und Strafgewalt. Einführung in Strafrecht und Kriminologie, Stuttgart-Berlin-Köln-Mainz 1978.

WALDER, Hans, Kriminalistisches Denken, 3. Auflage, Hamburg 1964.

Register der Fälle

Nr.	Autor	Titel	Jahr des Verbrechens	Museums-Nr.
1.	Ch. B.	Brief eines zum Tode Verurteilten	1880	1414
2.	Ch. B.	Wildfrevel	1895	707
3.	Ch. B.	Familienzwist	1886	814
4.	Ch. B.	Politischer Unmut	1898	1077
5.	I. G.	«Ein Complot anzunehmen, erscheint ganz unstatthaft...“	1900	1072
6.	I. G.	Raubmord auf der Pretulalpe	1904	1148
7.	Ch. B.	Falsche Freundschaft	1906	2372
8.	Ch. B.	Aberglaube und Betrug	1909	2044
9.	Ch. B.	„...von nicht alltäglicher Kühnheit...“	1910	1914
10.	Ch. B.	Ein Brief aus dem Gefängnis	1911	2035
11.	I. G.	Die Kindsmörderin	1911	1250
12.	Ch. B.	Nächtlicher Raubmord	1912	2361
13.	Šp. J. / Ch. B.	Drei mit einem Schuß	1912	1943
14.	Ch. B.	Brennende Leidenschaft	1913	2335
15.	Ch. B.	Der Reichtum der Neuen Welt	1913	2344
16.	Šp. J. / Ch. B.	Abortus oder Kindsmord?	1913	27/23
17.	Šp. J. / Ch. B.	Gefährliche Volksmedizin	1913	57/13
18.	Ch. B.	„...nahm von dem Knaben mit einem Kuße Abschied...“	1913	2370
19.	I. G.	Eifersuchtsmord in Bruck/Mur	1913	2362
20.	Ch. B.	Ein schwarzer Witwer	1914	2530
21.	Ch. B.	Todesurteil	1915	3020
22.	Ch. B.	„...und den sonntäglichen Kirchgang regelmäßig mied.“	1917	3/18
23.	Ch. B.	Wilderei und Mord	1920	2/22
24.	Ch. B.	Geldfälscherei	1920	31/34
25.	I. G.	„...zerstückelten sie und versteckten einige Leichenteile in einer Marmorsäule.“	1922	21/23
26.	I. G.	Raubmord an der Klavierlehrerin	1922	15/22

27.	I. G.	„dass sie das Kind mit Vorbedacht in die Mur geworfen habe..."	1923	5/23
28.	A. N.	Duell Sacher-Masoch gegen Schwartz	1923	6/25
29.	Ch. B.	„Weils nur hin ist das Rabenvieh..."	1924	9/24
30.	A. N.	Ein „schwaches Weibl" mit Zivilcourage	1925	9/25
31.	A. N.	Ein Doppelleben mit tragischem Ende	1925	1/28
32.	I. G.	Sparkassenüberfall in Schwanenstadt/OÖ	1936	14/37
33.	I. G.	Mord an der schwangeren Geliebten	1937	22/37
34.	I. G.	Diebshöhlen im Rabenwald	1939	5/43
35.	A. N.	Der Musterschüler	1940	1/46
36.	I. G.	Die Leiche im Koffer	1942	10/43
37.	I. G.	Gattenmord	1943	9/43